海星棒球隊的逐夢之旅

後山棒球夢

游弘宇——著

花蓮縣
18

先發打擊順序

1.	3B	三壘手	林宗盛
2.	2B	二壘手	游弘宇
3.	1B	一壘手	陳欣威
4.	P	投手	吳建琳
5.	C	捕手	曾寶智
6.	LF	左外野	許皓翔
7.	CF	中外野	陳永瀚
8.	RF	右外野	張奎皓
9.	SS	游擊手	徐林閔浩

各界熱血推薦

四年前才十五歲的他，站在爭取圓夢計劃的台上，侃侃而談他在花蓮組棒球隊的故事。我投了他一票，其實這一票也投給了他的父母。在台灣，這樣的孩子能夠圓夢，要有非常民主的父母。我們台灣最缺的正是這樣的父母。

——**小野**（作家）

棒球的魔力，讓我擔任職棒會長，遍訪台灣。也因此發現了一個原不被看好的孩子，為了棒球夢挑戰不可能。

——**吳志揚**（中華職棒大聯盟會長）

一直以來，從不認為台灣有什麼「偏鄉」與「城市」之分。有差距的是資源，不是人。弘宇靠著一份對棒球的熱愛與執著，在簡單的設備與條件下，仍然發揮出無比的價值。來看看這個在後山的棒球場上熠熠生輝、閃閃發光的靈魂吧！

——**林哲宇**（玩轉學校共同創辦人）

「夢想就跟礦物一樣，被埋在你的心底。」這本書鼓勵各位從現在開始動工挖掘，透過不斷的勇敢嘗試，找出被埋在每個人心底、獨一無二的美麗礦石。

——**林藝**（寶島淨鄉團創辦人）

當現代年輕人以厭世、佛系作為主流人生態度時，更能對照出弘宇既有自己想法又有行動力的彌足珍貴。十幾歲的小孩都做得到，各位讀者更沒理由放棄自己對夢想的追求吧？

——**施昇輝**（理財暢銷作家）

弘宇繼「保德信青少年志工菁英獎」後，出書分享其《後山棒球夢》勇敢築夢的故事，內容中各種體驗與心得，足以啟發青少年朋友們。

——**黃大洲**（保德信青少年基金會董事長）

推廣少棒運動是本基金會的一貫立場，我們之前對作者的支持，就是因為他擁有全力以赴、向下紮根的少棒精神。作者游弘宇的真實故事，相信可讓年青學子在人生規劃時可做參考，家長與老師們在教育下一代時，希望也能從中獲得啟發。

——**謝南強**（謝國城棒球文教基金會董事長）

每個人都有屬於他的夢想，思而不作者最終淪為空想，這本書沒有英雄小說的劇情，更不存在無與倫比的幸運，我們從弘宇身上看到的，是如同魯夫一般，大喊著夢想就奮勇向前的衝勁；翻開此書，你將回到那義無反顧的十八歲。

——**魏嘉賢**（花蓮市市長）

※依姓氏筆畫排列

推薦序一

前行政院長
張善政

「有夢最美」，說的就是游弘宇，也是在說每一個被這本書激發的年輕人！

認識游弘宇先是透過臉書，後有機會在花蓮會晤，並連續兩年受他邀，參加他向拓凱教育基金會爭取到學校（海星高中）主辦的全國青少年高峰論壇。他先是前一年組隊到中部參加相同的論壇，覺得他有辦法在自己學校辦理一個一樣成功的活動，於是在與拓凱教育基金會合作下論壇在隔年第一次移師後山。因為游弘宇與團隊在海星把論壇辦得相當成功，無形中嘉惠了他的學弟妹，讓海星高中得以繼續辦理了第二次論壇。拓凱教育基金會敢嘗試在花蓮辦理一個全國性的青少年論壇，需要相當的膽識與決心；因為讓全國各地的高中生到花蓮參賽，除了交通需要相當費心外，住宿安全也需要特別注意，才能讓參賽學生家長放心。單單讓拓凱敢於移師後山，我就覺得游弘宇這小子不簡單！

當我到海星高中出席論壇活動時，該校孔令堅校長第一件事就是告訴我，游弘宇在就讀國中時奔走募款促成了該校棒球隊。後來游弘宇直升高中，又替高中部也成立了棒球隊。我對照游弘宇的臉書不時在講棒球隊到處征戰的紀錄，才知道他自國中時期就對棒球發生興趣，但該校並未設立棒球隊，也沒有體育老師適合擔任教練。游弘宇以區區不到十五歲年紀，多方奔走，訴求理念努力募款，竟然成功，不但募足球隊設備設施所需要的款項，後來甚至得以聘請相當水準之球隊教練。

游弘宇是個多才多藝的人，不是死讀書的類型。書中提及，除了成立球隊、舉辦論壇，他與團隊還曾經製作微電影《平原上的火光》，對於行銷與社群網路的經營，他似乎也頗有心得，二〇一七年他母親創業經營早午餐店，正是由他協助品牌的建立以及社群網路的經營。他二〇一八年高中畢業，透過特殊選才管道以「拾穗計畫」進入清華大學。相信以他的多元能力，未來表現可以令人期待。

推薦序二

安麗希望工場慈善基金會榮譽董事長
劉明雄

當你真心渴望追求某種事物，整個宇宙都會聯合起來幫你完成。

猶記得二〇一四年在基金會追夢計畫的甄選過程中，認識了這位來自花蓮，充滿熱情及企圖心的十五歲少年游弘宇；在這位夢想少年的身上，我充分見識到了什麼叫做「真心渴望」。

當一個人全心全意追尋夢想的時候，每一天都是充滿活力的，因為他知道：每天都在實現夢想的道路上前進。十五歲的國中生，能成就的事情，可能超過大人的想像。弘宇，從小懷抱著棒球夢，就因為夢想自己能和同學們一起打棒球，所以他四處尋求贊助。將興趣、夢想和知識都結合起來，自己寫企劃案參加「小夢想、大志氣」追夢計畫的徵選，親自來到台北，向評審們侃侃而談他們的夢想。為了衝高網路投票，他還組隊到花蓮市區拉票，請路人拿出手機，現場用Facebook投他們一票。結果，花蓮海星國中棒球隊，真的就在票選截止的最後一天，逆轉勝，成功擠進了追夢計畫的前五名，獲得安麗希望工場慈善基金會的贊助。

在這個追夢的過程，孩子們不斷付出努力，他們不只是被動等待別人的幫助，更主動為自己爭取機會，將所學所得轉換為成長的動力。國中畢業後，弘宇的高中生活依然豐富多彩，他不僅自主拍攝行銷在地特色的微電影，還舉辦全國高中生論壇，透過創新、大膽、不忘本的精神，努力突破偏鄉教育的極限。

一晃眼，四年過去了！很高興知道弘宇透過特殊選才，申請上了國立清華大學，站上另一個夢想待發的跑道。在弘宇身上，我看到了台灣未來的希望。雖然我們一般常說：「盡人事，聽天命。」但我更相信：人事盡時，天命變。「當你真心渴望追求某種事物，整個宇宙都會聯合起來幫你完成。」弘宇的故事就是最好的例子。

很開心在弘宇追夢的旅程中，安麗希望工場慈善基金會曾經陪他走了一小段，儘管我們無法永遠陪伴他破風前行，但我相信這棵希望之樹會在陽光下持續成長茁壯……。

推薦序三

拓凱教育基金會／拓凱集團董事長

沈文振

自助者，人恆助之。

在每一個人的人生中，總是會碰到一些熱心助人的人、一些朋友；在關鍵時分，深刻地影響我們往後的人生際遇。但在遇見這些「伯樂」之前，我們是不是應該先問問自己，如何成為一匹千里馬？

一如本書的作者弘宇，在追夢的過程中，不僅靠熱情、毅力、勇氣與自信感染周遭，更多的，是他端出企劃力與執行力來說服他人，邀請每一個原本可能僅在場邊觀望的人，加入他追夢的賽局中；過程中，弘宇懇實地回應支持者的期待、要求，同時，也樂於把勝利的榮耀與成果，分享給大家，在在都展現了他的領導力與責任承擔，吸引、激勵了更多的人，來共同完成他的夢想。

這讓筆者憶起，自己因為家裡經濟關係，即使國小成績優異，仍未能升學初中。幸在學期間的表現，得級任導師的肯定與愛護，為此至家中向父親遊說三次，才獲父親首肯繼續升學。因此，自己特別珍惜獲得的讀書機會，即便每天要花四、五個小時的通勤時間，在農忙之際，則得在火車上、路上、腳踏車上背書，也不以為苦；一方面，是對知識的渴求與追尋，另一方面，是對師長栽培、知遇的感恩。而也因為這種肯學、肯做，「把吃苦當吃補」的精神，讓筆者在求學與創業的過程，與很多的貴人、朋友相知相遇。

這本書，推薦給正在追夢的年輕人。如果你對保羅・科爾賀《牧羊少年奇幻之旅》一書中的「當你真心渴求一件事情，全宇宙都會聯合起來幫你」的說法著迷，那你更應該看這本書，看一位少年，在天助與人助之前，先自我奮發、自我圖強的歷程；當你自立自強、自我要求、自我尊重、自我謙虛，別人看見了，自然會樂於協助你、成就你。

同時，這本書也推薦給每一位師長與經理人。我們都曾受社會點滴栽培，因此在有能力與資源之餘，引導我們的孩子形塑正向的生命態度與價值觀，勇於開拓夢想、展現自己的天賦，並承擔應盡的責任，該是我們的義務與使命。或許，就因為你的多做一點，下一代會因你而不一樣。

推薦序四

新城國小棒球隊總教練

胡文偉

一場棒球圈的微革命，打破需要大人，才能成立棒球隊的遊戲規則！

政府曾花了十億元推動「振興棒球運動計畫」，使現有的基層球隊擁有更多資源，但卻無法讓棒球隊數量增加，而是將經費平均分配給現有棒球學校，卻沒有將資源投入在新成立球隊的起步。

近年棒球運動從谷底慢慢爬升起來了，而因黑豹旗高中棒球賽的比賽吸引，青棒球隊的數量大幅增加，高中生也開始懂得和學校爭取成立棒球隊，讓人生能夠不留遺憾，但台灣少棒、青少棒球隊的數量，因少子化等因素卻沒有提升，反而逐年遞減少。

記得弘宇來電時，很明確的和我表達，要參加「安麗希望工場」爭取一百五十萬的獎金，希望提供建議與定位方向，我很訝異有一個國中生，用他的熱情和勇氣，感染了許多幫助的大人，十四歲的孩子要成立棒球隊，這是一場微革命，改變了棒球圈，大人才能成立棒球隊的遊戲規則。

海星棒球隊雖然沒有贏得許多比賽，但弘宇早已得到了難得的經歷，看著這群熱愛棒球，又會讀書的弟弟們，進入到理想的大學，我想他們更明白贏得人生的比賽，比在球場當英雄更重要，而這群孩子，未來也是支持基層棒球的重要力量！

推薦序五

電影《球來就打》編劇
涂芳祥（黑米）

紅土球場外的巨大勝負

初見《後山棒球夢》書名，原本以為又是講述偏鄉少棒隊如何刻苦成立、繼而奮勇獲勝的勵志故事；但看完全書之後，才發現作者真正想要爭的，竟是一場在紅土球場之外的巨大勝負。

花蓮海星國中棒球隊的成立故事，在台灣棒球環境之下可說是絕無僅有：它有趣與傳奇之處，是這隻球隊之所以能夠成立，核心啟動能量並不是來自於「大人」，而是由本書作者游弘宇、當年以僅僅以十四歲的年紀，心裡想著「想要成立一隻棒球隊」，於是用天馬行空的想像力加上絕對踏實的行動力，就這麼一步一腳印地募集資金、尋求贊助……然後，夢想就這麼成真了！

在本書裡，對於一般運動競技所強調的百鍊成鋼、愈挫愈勇的奮戰過程著墨較少；但經由一個國中生如何尋求資源讓球隊順利成立的過程，跳脫出了球場與教育體制所設下的框架，延伸到人生戰場的汗水、鬥志、膽識與決心，卻愈看愈讓人覺得深受感動。這讓我想起之前自己所寫的電影劇本《球來就打》，其中女主角居然是用下注運彩所存下的龐大資金，買下了一隻高中球隊來圓自己心中的棒球夢——每個人都有夢想，而誰說逐夢的過程，一定有著標準的SOP，又或者一定是由世故的大人們來發動呢？

好樣的，就這麼衝下去吧！在作者為我們演示的逐夢之旅中，紅土球場才不是夢的盡頭呢！

前言
大家口中的幸運兒

哈囉，大家好，我是游弘宇，你手上這本書的作者、許多人口中的「幸運兒」。

會成為大家口中的幸運兒，是因為截至目前為止的人生，看起來我似乎蠻「幸運地」。

國小時，即使我整天在學校四處搞怪、惹老師生氣，但是「幸運地」，我還是能在每次考試時取得好成績在班上名列前茅。

國中時，即使我一手成立的棒球隊一場比賽都還不曾贏過，但是「幸運地」，我還是替球隊爭取到一共超過兩百萬元的經費。

高中時，即使我三年以來都不曾在班上認真上課，但是「幸運地」，我還是以特殊選才的計畫進入清華大學。

而且，更幸運地是，我這個許多人眼中的幸運兒，年紀輕輕居然就「幸運地」出版了一本書！

不只有幸運

我幸運嗎？或許吧！比起那些因為天災人禍導致連要維持基本生活需求就有困難的人，我的確非常幸運。因為我在一個和平的世代，出生在一個幸福美滿的家庭。也因為如此，讓我可以不用為了基本的生活需求擔心，有機會放心地去追逐夢想，並且獲得許多人的幫助。

只是，一切真的只是因為幸運嗎？我想倒也未必……能夠成為大家眼中如此順遂的幸運兒，在背後我付出更多的是努力。

國小時，因為覺得學校的課堂非常有趣，可以滿足自己的好奇心，讓自己更加認識這個世界，所以幾乎每一次在課本發下的第一天，自己就會全部讀過一遍，並且嘗試解決課本裡面不懂的問題，而因為不懂的問題早就已經解決，所以考試時我自然都能夠取得不錯的成績。

國中時，因為要替球隊爭取經費，讓球隊的大家可以無後顧之憂的追逐夢想，所以即使一度被當作詐騙集團，我仍然沒有放棄，靠著持續嘗試各種募款方式，最終才成功替球隊爭取到超過兩百萬元的追夢獎金。

高中時，因為認為學習的目的，絕對不是只有升學，所以我開始透過自己的方式，多元的學習自己有興趣的知識，也因為如此，我才有機會不用參加任何考試，就能夠透過特殊選才的計畫進入清華大學。

最後，為了要將這些想法與過程和大家分享，即使我文筆不好，但是我還是利用了將近一年的時間，強迫自己將這本書給寫完，並且在經過向30間出版社投稿被拒絕後，才成功找到出版社，順利出版此書。

所以，一切真的不只有幸運！比起幸運，更重要的是努力！

讓夢想創造無限可能

其實，會如此希望能夠將自己的故事與大家分享，是因為在這段努力成立球隊、追逐夢想的過程中，我也感受到自己內在的蛻變。

一連串的經歷除了讓我拓展視野、增長能力，同時，我也為自己撕下了「麻煩人物」的標籤。我想也許有許多人和從前的我一樣，以為任性使壞、調皮搗蛋是衝撞體制、揮霍青春的唯一方式；以為這個年紀的我們只能「懷抱夢想」，卻不敢相信自己真的有實踐夢想的能力。所以為了讓更多人也能開始追逐夢想，我決定要分享自己的故事！

希望聽見我故事的父母可以稍稍獲得寬慰，一個老是闖禍的孩子，也許蘊藏著無限的創意和行動力；希望聽見我故事的老師們可以試著理解學校的「麻煩人物」，引導並支持他們發展自己的興趣；更希望所有懷抱著夢想的人，都能夠從此刻開始追逐夢想，並且在追逐夢想的過程中，創造出一段屬於自己的獨特故事和無限可能！

目次

CH 1

老師眼中的麻煩人物

老師：「游弘宇！你為什麼又在找麻煩？」

弘宇：「無聊啊！」

老師：「無聊？為什麼不會找正事做！」

充滿實驗精神的麻煩人物

「一路上我都會發現從未想像過的東西，如果當初我沒有勇氣去嘗試看來幾乎不可能的事，如今我就還是個牧羊人而已。」

這是我很喜歡的一本書《牧羊少年的奇幻之旅》中的一段話，也是我追逐夢想過程的最佳寫照。

因為我非常確定，如果當初自己沒有勇氣開始追逐夢想，那麼如今我一定還是一個令大家感到頭疼的「麻煩人物」。

小時候的我，就和每一個對世界充滿好奇心的小孩一樣，總是對生活周遭的每一件陌生事物充滿好奇心，如果要問造就我成為學校「麻煩人物」的特質是什麼？那應該是我比其他小孩多了一點點的「實驗」精神，而這種凡事都要以身試法，一定要親自嘗試才甘願的個性，也讓我在國小時就創下了許多「豐功偉業」！

國小的各項豐功偉業中，印象中最深刻的是：有一次做資源回收時，覺得每天幫忙回收垃圾實在太過無聊，於是決定要在這無聊的工作中找些樂趣，開始和同學一起把回收物中最多的牛奶紙盒一個個清洗乾淨，再把它們兩兩合在一起，做成像是立方體的積木，在經過幾天的實驗試作，發現利用牛奶紙盒來做成積木是件相當有趣的事情後，我們便越玩越上癮，在教室的置物櫃屯積牛奶紙盒很長一段時間，直到後來我們為了要蒐集更多「原料」，自告奮勇地開始去跟別班「募集」他們的資源回收時，引起老師的懷疑，讓我們拿牛奶紙盒製造積木的風聲傳到了老師耳中，最後，為了教室的衛生，我們被迫中止了這個有趣的計畫，並在老師的威脅下，將一個月來所精心蒐集製作的幾百個積木，都拿到學校的資源回收室，堆成一座小山丘全部丟掉，而這壯觀的一幕我永生難忘。

升上國中後，我這個因為具有豐富實驗精神，因此被大家認為是個愛搞怪的麻煩人物，依舊沒有什麼改變，還是一天到晚在學校發揮自己的實驗精神，做一些大家認為相當奇怪的事情，而這些行為當然又是惹了學校一堆老師生氣，而且更讓老師火大的是，我被處罰後仍然與國小時一樣，喜歡親身實驗老師們脾氣的底線，不知羞恥的持續搞怪。

有一次，因為上課看課外書而被處罰連同課桌椅一起搬到教室門口反省，不幸的是，當時的我不但沒有感到一絲愧疚，反而相當興奮的覺得這是一件很有意思的事情。因此，為了讓自己在教室門口的流浪生活過得更加舒適，經過一番思考，我便開始在座位周圍進行加裝遮陽傘的改裝工程，讓自己看起來像是在教室門口做日光浴，並繼續悠哉的拿起那本讓我被趕到教室門口的課外書，在陽光及微風的沐浴下舒服的看著，而這番場景也讓老師在第二天就無奈的把我「請回」班上繼續上課。

無聊，那就去追逐夢想吧

記得每次當我因為「實驗失敗」闖禍，而被老師責備時，老師總會問我為什麼要做這些事，我的回答總是千篇一律，而且也都是實話實說的答道：「因為我覺得無聊，想要找些樂子。」

我相信在感到無聊時，透過找尋樂趣來紓解無聊，是人類的天性。然而，在找尋樂趣的過程中，我們卻很容易因為一時的疏忽，就做出一些奇怪的事情，造成他人的困擾。

過去，正是因為總是覺得生活太過無聊，想要找尋樂趣，所以縱然沒有惡意，但還是經常造成他人的困擾，而成為大家眼中的「麻煩人物」。

只不過，這一切在開始追逐夢想後，都發生了改變。

升上國中二年級後，因為成立球隊追逐夢想，使自己每天的生活，都因為追逐夢想過程的挑戰變得充實有趣，自然而然地開始不會再因為感到無聊想要找尋樂趣，做出造成他人困擾的事情。

而且，相當幸運的，當我把因為凡事都喜歡親身嘗試，而讓自己身陷「麻煩人物」泥沼的實驗精神，運用在成立球隊的過程上時，居然發現出乎意料的合適，即使實驗並非每次都成功，但是每次的成功都讓我收到了豐碩的成果。

所以，如果你跟我一樣覺得生活過得太過無聊，那就趕快加入追逐夢想的行列吧！

因為，追逐夢想不但很有趣，可以讓你脫離無聊，更有機會可以讓你把過去的缺點變成優點，創造一連串出乎你意料的成果！

CH 2

被漫畫欺騙
而衝動成立球隊

弘宇：「媽，我要在學校成立棒球校隊！」

媽媽：「怎麼可能，你還只是一個國中生！」

弘宇：「怎麼不可能，漫畫都這樣畫啊！」

對於「學生」身分的質疑

在準備成立棒球隊，追逐夢想的時候，我也曾經有段時間猶豫不決、害怕失敗，不相信自己真的能成立球隊，而打算放棄夢想！

會猶豫的原因其實很簡單，那就是因為大家都告訴我「學生」要成立棒球隊是件「不可能」的事情。那時候，近年非常盛行的黑豹旗高中棒球大賽還沒開始，所以幾乎沒有「學生」成立棒球隊的案例。因此，當我這個「學生」說出「我想要成立棒球隊」時，自然而然就面臨到來自各方的許多質疑與反對。

首先，是家人們認為我既然身為一個「學生」，就應該要好好讀書，做好身為一個「學生」的本份，不要去搞那些和課業不相關，又對未來毫無助益的事情，影響到自己在當時還不錯的課業成績。

再來，則是花蓮棒球圈的前輩們，當他們得知我這位「學生」要成立棒球隊後，他們開始善意的提醒我：「喜歡棒球很好，但是真的要打棒球的話，可以轉學參加其他的球隊，或是跟朋友一起玩玩就好，不需要成立棒球隊，那樣子實在是太麻煩了，而且過去也從來沒有人這樣做過。」

最後則是學校，精力旺盛、古靈精怪的我在國一時，因為覺得校園生活實在太過無聊，所以和我的一群狐群狗黨們，一天到晚在學校做出像是：把椰子樹的樹葉搬回教室做成投石機發射橡皮擦，或是在被老師趕出教室後不知羞恥的替自己設計一個舒適的日光浴空間，這種雖然無傷大雅，卻又讓老師們感到很頭痛的事情，因此在這種類似事件逐漸地累積之下，當時幾乎整個學校辦公室的老師都曾經聽過我的名字或是我的「豐功偉業」。

在這樣的情況之下，當我說我要成立球隊的時候，學校大部分的老師也只覺得我一定又是在搞怪，想要故意找他們麻煩，所以當作我只是說著玩玩而已，一定過不了多久就會打消這個念頭！

在面臨如此多的質疑及反對之下，其實我真的很猶豫，到底該不該在學校成立棒球隊。

畢竟，一旦我真的成立球隊，就一定會需要上面所提到的家人、棒球前輩以及學校的支持，如果他們在我提出夢想這個階段就不看好我的話，那麼當我真的成立球隊後，他們又是否會願意改變態度支持我呢？

還有，在這些質疑以及反對中，雖然大部分我都認為只是源自於大人們普遍對於「學生」這個身分的刻板印象，但是當中還是有許多像是球隊成立後的經費、人力來源等等，具有建設性的質疑，是值得我思考該如何解決的！

開始夢想需要的是「衝動」

非常湊巧而且戲劇性的，就當我猶豫不決時，我再次看到了我一直很喜歡的一部棒球漫畫《棒球大聯盟》中的一段情節：「主角從一所棒球名校中離開，來到了一所原先沒有棒球隊，而且男生非常稀少的學校，主角的父親問主角『這樣你該如何繼續打棒球？』，而主角卻只帥氣的回答了一句『當然是自己成立啊！』，就開始著手招募人員成立棒球隊，而且就在經過主角一番的努力後，主角的棒球隊就順利地成立了。」

至於在這段成立球隊的過程中，主角所遇到最大也是唯一的困難，似乎也就只有因為學校男生太過稀少，招募不到球員加入球隊，除此之外，不論是經費或是其他行政資源上的困難，主角似乎不是沒有遭遇到，就是能輕鬆的解決。

看完這段漫畫後的我，不知道究竟是被漫畫主角的勇氣及熱情激勵；或是真的笨到被漫畫情節中的一帆風順給欺騙，總之我就這樣因為漫畫中的情節，對成立棒球隊這件事，天真的有了「原來成立棒球隊也不過如此」的美好想像，就此下定決心，開始著手成立棒球隊，展開追逐夢想的旅程。

該做的，是相信自己會成功

在我們猶豫是否要將夢想付諸實行時，總會遭到許多來自他人，甚至是自己的質疑——認為夢想付諸行動後一定會失敗，並且因為追逐夢想失敗而被大家嘲笑。

通常在這些質疑之下，我們總會因為害怕失敗而選擇放棄夢想，讓夢想從此石沉大海，也讓夢想真正的失敗。因此，當我們面臨是否要放棄追逐夢想的時刻，我們唯一要做的，其實就是不要理會他人甚至是自己的質疑，抱著相信自己一定能夠成功的決心，勇敢的開始追逐夢想！

CH 3

衝動產生的一連串問題

弘宇：「老闆，成立棒球隊的器材要多少錢？」

老闆：「十萬元！」

弘宇：「什麼？十萬元！！！」

發傳單，招募棒球隊隊友

因為被漫畫情節欺騙，衝動成立的球隊，在成立之初當然是困難重重。

這些困難，包含了一個球隊最需要的兩個關鍵要素——「隊員」和「經費」。

首先，因為是剛成立的球隊，因此除了我的幾位好友知道我要成立球隊外，根本沒有人知道這個消息，於是為了要讓大家知道這個消息，吸引在學校內對棒球有興趣的同學加入，我便開始著手製作了傳單，想要在學校各班張貼發送。

但是沒有想到的是，就當我完成了傳單的製作，準備開始要在學校發放的時候，卻發生了一件令我意想不到的事情。

那時候因為要在校內宣傳，必須事先讓學校知道我要成立棒球隊的計畫，於是當時班導師便好心的帶著我到了辦公室向學校報備，不過我才剛走進辦公室，有位老師一見到我就問：「游弘宇，你這次又惹了什麼麻煩，為什麼老師要帶你來辦公室？」而其實老師會這樣問，並非沒有原因，因為就如同我之前提到的，那時才即將升上國二的我，在國一時就已經和我的狐群狗黨們，在學校靠著

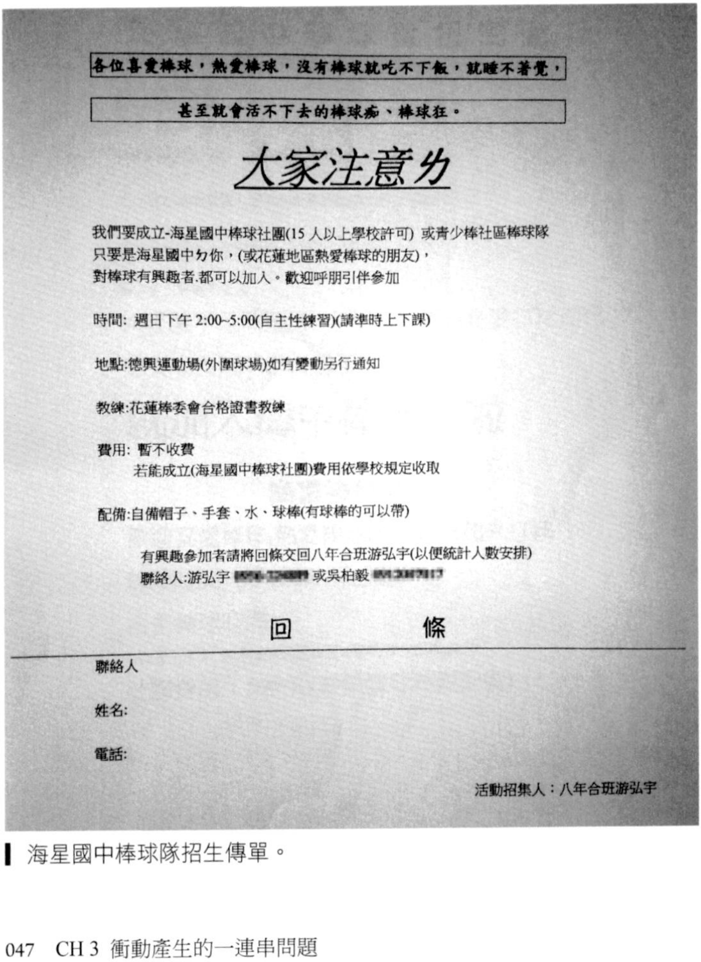
各位喜愛棒球，熱愛棒球，沒有棒球就吃不下飯，就睡不著覺，

甚至就會活不下去的棒球痴、棒球狂。

大家注意ㄌ

我們要成立-海星國中棒球社團(15 人以上學校許可) 或青少棒社區棒球隊
只要是海星國中ㄉ你，(或花蓮地區熱愛棒球的朋友)，
對棒球有興趣者.都可以加入。歡迎呼朋引伴參加

時間: 週日下午 2:00~5:00(自主性練習)(請準時上下課)

地點:德興運動場(外圍球場)如有變動另行通知

教練:花蓮棒委會合格證書教練

費用: 暫不收費
若能成立(海星國中棒球社團)費用依學校規定收取

配備:自備帽子、手套、水、球棒(有球棒的可以帶)

有興趣參加者請將回條交回八年合班游弘宇(以便統計人數安排)
聯絡人:游弘宇 [redacted] 或吳柏毅 [redacted]

回 條

聯絡人

姓名:

電話:

活動招集人：八年合班游弘宇

▍海星國中棒球隊招生傳單。

我們豐富的實驗精神，把學校的老師都給惹火過一遍了。

好險當時帶我去辦公室的班導師趕緊替我和那位老師說：「弘宇今天只是因為想要成立棒球隊，需要請學校幫忙，所以才會帶他來辦公室跟學校報告。」不然以我的個性，一定會故意跟那位老師說：「對呀，我這次可是惹了一個大麻煩唷，因為我決定要成立棒球隊了！」

完成向學校的報備後，雖然當時還是學校的暑期輔導，但是為了能盡快找到和我一樣喜歡棒球的同學加入球隊，我仍然先到了學校的各個班級進行宣傳，並且發送自製的招生傳單，期望著能讓球隊儘快開始運作。

要進到各個班級，站在台上對著一群不認識的同學說話，邀請大家加入這個我即將成立的棒球隊，對於那時候的我來說，其實是件非常困難的事情，因為雖然我從小時候開始就很喜歡說話，但是畢竟私底下與朋友的閒聊，跟站在講台上對著一群陌生人說話，還是有著非常大的差距。

不過，為了要儘快招募到隊員，我還是逼迫自己硬著頭皮站上講台！

硬著頭皮完成各個班級的招生宣傳後，我其實非常擔心招募到的人數，會不夠成立一支棒球隊。因為，雖然當時二〇一三年世界棒球經典賽的熱潮還沒退去，校內有許多同學都對棒球十分有興趣，甚至下課時間都會有人拿著手套在學校的操場傳接球，但是畢竟因為對棒球有興趣而「玩」棒球，跟加入棒球隊真正的開始「練」棒球，這兩者之間還是有段不小的差距。

因此，那段等待的時間，我就只好每天抱著忐忑的心情，等待大家繳交加入球隊的報名表。

沒有想到的是，報名表繳回的進度與狀況，比我預期的好上許多，很快的我們就收集到了能夠順利組成一支棒球隊的九張報名表回條，讓我們能夠在湊齊基本的人數後，準備開始我們球隊的運作。

而在球隊人數足夠我們開始運作後，我也聯絡了我們的第一位「義務教練」花蓮棒委會的競賽組長——黃倍源教練，並通知他我們將在二〇一三年的八月四日，展開我們海星棒球隊的第一次練球。

唯一擁有的，就是喜歡棒球的心

一開始就提過球隊剛成立時，不但沒有隊員，更沒有任何的經費、器材。

因此，現在雖然找到了一些隊員加入球隊，但是其他的問題我們仍然一個都沒有克服，訓練要用到的器材我們依舊一項都沒有，不過我們球隊的第一次練球，還是在這樣的情況下開始了。

八月四日當天下午，球隊的大家都帶著自己的手套準時到達了球場，而我除了自己的手套外，也帶上了球隊當時唯一的裝備——一盒由一位好心前輩贈送的練習球到了球場，滿懷著期待的心情開始練習，想像著待會能在場上大顯身手一番。

然而，礙於裝備的限制和我們其實都只是棒球的初學者，當天我們的練習其實非常簡單，練習開始後，教練先是講解了一些棒球的基本觀念，便要我們開始熱身，並且進行一些傳接球和基本動作的練習，而在這些都結束後，球隊的第一次練球也就告一段落了。雖然練習的內容看起來相當簡單，不過對於第一次真正接觸棒球的我們而言，這些最基本、但是職業選手至今仍每天都要練習的動作，還是困難重重。光是最簡單的傳接球，我們就花了快一半的時間在撿拾那些丟偏或是漏接的球。

不過，即使連最簡單基本的訓練都做不好，但是第一次練球的我們，還是感到非常的開心，畢竟意味著我們終於有機會能夠開始正式的接觸棒球這項運動，並且慢慢地朝著夢想接近了。

球隊第一次的練球，雖然在熱心的教練願意義務的指導，以及因為我們都是初學者，所以用不到其他除了個人手套以及練習球外的器材下順利結束了，但是如果球隊持續地運作，我們因為持續訓練而進步後，我們還是會開始需要用到其他像是球棒、頭盔、捕手護具以及更多的練習球等等器材，來進行訓練。

就像我們不可能用「愛」來發電一樣，如果到時球隊還是沒有其他的裝備，繼續靠著手套和對於棒球的熱情來支撐夢想的話，那麼未來球隊的練習就將很難再順利進行，因此球隊缺乏經費與器材的問題，我終究還是得去面對。

第一份創隊資金

球隊要尋找經費來購買器材，通常會有兩種方式。一種是靠著隊員自給自足，繳交隊費來購買；另一種則是靠著對外募款，找尋對棒球有熱情的單位，並且靠著他們的善心來協助球隊。

一開始，因為沒有任何財務以及購買棒球相關器材的經驗和概念，我只有規劃透過收取隊費，一步一步購買一些球隊最基本的裝備，並希望能隨著時間與隊員的增加，來讓球隊的球具能逐漸跟上球隊的訓練。這樣的想法源自於我認為想打棒球的是我們，因此一起為夢想付出，共同來維持球隊運作，本來就是件天經地義的事情。

於是就在評估我們的能力範圍後，我決定先向每位隊員都收取一千元的隊費，來當作球隊的「創隊基金」，購買球隊最迫切需要的第一批裝備，讓日後的訓練能夠因為有了基本的器材，變得更加完整。

收取隊費後，由於不曾有過大量購買與棒球相關體育用品的經驗，我並不熟悉任何購買的管道以及通路，因此便在當時球隊義務教練黃倍源的建議下，透過他的協助購買了三支加起來總共要一萬八千元的球棒，作為球隊的第一批器材。不過，因為當時球隊的人數只有十二位，就算把所有隊費都加起來，還是不夠拿來支付給黃教練，所以相當慚愧的，當時義務指導我們、沒有拿過任何薪水的黃教練，還得先幫我們墊錢給朋友，才能讓我們順利拿到那三支球棒！

在教練的幫助下取得球棒後，我們又順利的向球隊還沒有成立之前，每位隊員最常去打球的大魯閣棒壘球打擊場花蓮館申請到了一批他們淘汰的棒球。這批棒球雖然是軟式的用球，而且大部分都已經磨損的相當嚴重，但是對於沒有什麼練習球的我們來說，就算不能拿來練習傳接球以及守備，但至少在打擊練習時發揮了很大的作用，讓我們都能暢快的多打一些球後才去撿球，而不必再因為練習球太少，需要被迫花上許多的時間在撿球。

以為上軌道，其實差的可遠了

有了球棒、練習球這兩項練習時最重要的裝備，以及球隊在開學逐漸加入更多的隊員後，我一度以為球隊逐漸的步上軌道，能讓我們開始加速朝夢想前進了。

然而接二連三的問題，這時候卻開始不斷的發生。

第一件事情，是球隊因為經費的問題，完全沒有捕手用具，然而我們又特別喜歡體驗當投手投球的快感，因此當一群控球不穩定的投手，遇上一個沒有經過專業訓練又沒有捕手用具的捕手，意外就發生了！

控球不穩的投手因為失投，把球丟到了地板上，而沒有經過專業訓練、又沒有捕手護具的捕手，則是忽視了自己沒有穿護具的事實，企圖模仿職棒場上的捕手帥氣的用身體來把球擋住，最後成功地擋住了球，卻也讓球直接打在身上，因此瘀青了一整個禮拜。

經過這次的意外，讓我決定不論如何都要讓球隊能擁有一套捕手護具來保護捕手，因此我走進了體育用品店，向老闆借來了棒球器材的目錄想要研究看看一套捕手護具的價錢，然而翻開目錄看到了一套完整的捕手護具需要將近一萬元後，我便開始對於要從哪裡才能找到一萬元，替球隊購買一套捕手護具感到相當苦惱。

因為當時才剛向隊員收完隊費，而且大家為了加入球隊，多少也都還有另外自費購買個人裝備，所以在我們都還是國中學生，短時間內又都已經在棒球上花費許多錢的情況下，我實在很難開口再次收取隊費。

而且，在體育用品社翻閱過棒球相關器材的目錄後，我很清楚知道捕手護具絕對不會是球隊未來唯一需要購買的裝備，光是還缺少的捕手手套、頭盔、打擊護具，屬於消耗品的練習球，比賽時一定要穿的比賽球衣等等裝備，金額加起來就一定超過十萬元了，這麼多的金額要球隊的大家一起分擔，光開口可能就會造成無法負擔這樣費用的隊員，被迫選擇默默退出球隊、放棄夢想。

因此我從那時候開始，就在心中默默下定決心，決定以後球隊經費或是器材上的事情，就讓我這個號召大家一起來打棒球的始作俑者來擔心煩惱就可以了。至於那些因為想要追逐夢想，所以選擇加入球隊的大家，唯一需要做的，就只有繼續無憂無慮的在球場上追逐夢想，快樂打球。

於是，為了能夠找到人來支持我們的夢想，我開始了對外募款的行動。

確定「身分」，成為正式社團

不過，如果要開始對外募款，我必須先確定我們球隊的「身分」，才能開始進行，因為即使我沒有過任何募款的經驗，我也相信絕對不會有人願意贊助一個他們從未聽過，而且根本就沒有任何名字的棒球隊。

當時為了要確定球隊的身分，我們面臨到了一個兩難的問題：「究竟要以社區棒球隊的模式進行下去，還是要選擇成為學校的社團，並以成為校隊的目標努力。」

畢竟球隊在剛成立時，學校只是同意讓我在校內進行宣傳而已，並還沒有允許球隊成為校內正式編制內的社團或校隊，因此在球隊剛成立的期間，球隊都是以社區棒球隊的身分在運作，而我們當時甚至也一度討論過我們這個社區棒球隊的名字。

然而，因為加入球隊的隊員都是我們學校的同學，加上當時最重要的經費募集，如果將眼光放遠，公部門的補助都必須要以學校的身分進行，因此我便開始與學校討論將球隊先列為校內社團，並以在未來成為校隊目標努力的可行性。非常幸運的，在當時學校負責掌管社團的訓育組長大力幫忙與支持之下，在我們決定要成為學

校的社團後，球隊很快就完成轉型，從原本的社區棒球隊轉型成為校內社團，並且能夠在新學期開始後，招募更多對於棒球有興趣的同學加入棒球隊。

而且最重要的是，在球隊正式成為學校的社團後，我們終於有了一個存在的身分，能夠開始啟動我的募款計畫。

正式成為社團後，球隊拍攝的第一張合照。

發現問題，擬定策略，解決問題

夢想開始之初，一定是問題重重，不論是想過的、沒想過的問題都會找上門來，一個問題解決，下個問題又來；以為漸上軌道，問題減少的時候，卻其實只是下個問題太大，讓你完全看不到問題。

當我們面臨到這樣的狀況，除了絕對不能放棄外，也一定要擬定方向及作戰策略，去迎戰這些問題，一一解決那些我們追逐夢想路上所遭遇到的問題。絕對不可能像開始夢想時一樣靠著熱情來支撐夢想；「愛」不能發電，「夢想」也不能只靠熱情完成。

球隊剛成立時，我們需要隊員但沒有隊員，所以我們發傳單招募隊員；我們需要購買球具但沒有經費，所以我們向隊員收取隊費；我們需要對外募款但沒有身分，所以我們成為學校社團。

我們發現問題；我們擬定策略；我們解決問題。

如果你跟我們一樣，已經開始追逐夢想，那麼你一定已經遭遇許多問題，既然如此，那請你務必儘快擬訂策略、解決問題，朝著夢想更加前進！

而如果你還沒開始追逐夢想，那麼你最大的問題就只是你不願意開始追逐夢想，這時的你不需要擬定任何策略，因為你唯一的策略以及方向，就是趕快的找出你的夢想，並且追逐你的夢想！

隊友番外篇——陳沛旭

我原來並不是很了解棒球這項運動，在小六升國一的暑假，作文班的老師邀請成立海星棒球隊的游弘宇學長來演講，當他在臺上演講的時候，我深深被他口中海星棒球隊成立的故事；以及球隊日常是如何訓練、合作、比賽的景象所吸引，於是國中一開學，我便積極的拉班上同學們進入棒球隊，從此開啟了我的棒球之路。

正式報到那一天，即使我們班是雙語科學班，課業相對繁重許多，但一共還是有七個人去參加測試，結果全部都順利通過了，如今半個學期過去，我們這群菜鳥經過半年的訓練，出去比賽也開始有了一些成績。當然，其中也不乏有堅持不住扎實訓練而離開的同學，可是我還是咬牙堅持住了，因為在我心中已經住了一個火熱的野球魂，我熱愛棒球，無論如何我都要打下去！

在海星棒球隊的這一年內，我學到了許多東西，包括對教練的服從、對學長的尊敬等等，也有許多是無形的，例如在比賽的時候必須不能對裁判有怨言、一切都要遵循裁判，這些都是我在球隊學到的在團體中的紀律與自制，這些學習讓我從一個愛玩鬧的小男孩，變成一個活潑但有教養有分寸的少年，這是我覺得海星棒球隊很特別的地方，你要加入棒球隊嗎？請來海星棒球隊，誰說會念書的孩子不會打棒球！我們會念書而且打棒球，我們是會帶課本去打棒球的「怪咖」，但是我們很快樂的學習成長，歡迎大家來跟我們一起打棒球！

CH 4

我不是詐騙集團

客服人員：「您好，請問有什麼可以替您服務？」

弘宇：「我成立了球隊，請問可以贊助我們嗎？」

「嘟─嘟─嘟─」電話被掛斷……

募款，應該很容易吧

在認清球隊的經費狀況，決定要啟動對外募款後，由於學校課堂中從來沒教過我如何募款，因此我只能在當時唯一知道的兩種募款方式：「上街向路人募款」與「電話向企業募款」中做選擇。

因為經常在報紙上看到一些××企業贊助××活動／××團體的訊息，所以我天真的認為這社會上一定充滿著許多熱心公益的企業，如果我能用電話的方式，向他們尋求募款贊助，想必很快就能夠替球隊募集到需要的資源。

然而，在開始嘗試後，很快的我就發現這就跟我成立球隊時一樣：「我把一切都想得太簡單了！」一切都無「憨人」我想的那麼簡單。

接二連三的募款失敗

當你接到一個陌生人打來的電話，跟你說他正在成立一個棒球隊，希望你能幫助他們，你會有什麼想法？

覺得非常感動，認真的聽完他的故事，並且幫助他們？

覺得莫名其妙，認為他是個詐騙集團，馬上掛掉電話？

我想除了和我一樣無聊的人，會先假裝選擇前者，故意鬧鬧詐騙集團之外，大部分的人應該都會選擇後者吧，認為他是一個詐騙集團，馬上把電話掛掉。

而這也確實是我當時所面臨的狀況！

當我以亂槍打鳥的方式，利用放學之後短短的時間，撥電話到那些我認為有可能幫助我們的企業後，通常都會遇到幾個我從未想過的問題。

首先，因為我打的電話幾乎都沒有經過事先挑選，大多是隨意撥出，因此要找到真正對棒球運動有興趣，而且願意贊助我們的企業，簡直就像大海撈針，是一項不可能的任務。

再來，就算我運氣好，幸運找到一間會對我們有興趣而且願意贊助的企業，接電話的都只是對方企業的客服人員，我這個自稱是國中生，又不是他們客戶的奇怪人士，竟然向他們提出贊助一支默默無名球隊的計畫，他們要是不想自找麻煩、增加自己工作量，又怎麼可能對我的電話加以理會呢？

最後，就是這通電話的內容實在是太不合理了，因為尋求企業贊助這種事情，根本沒有我想像的常見。而且我們只是一個成立不到三個月，又默默無名的海星國中棒球隊；更何況撥電話的是一個既不是學校老師，也不是球隊教練，自稱是「學生」，但聲音卻一直以來都被同學嘲笑，一點都不年輕的陌生人！

那時我的電話台詞大概是這樣：「你好，我是花蓮海星國中的學生，最近我與同學們為了完成夢想，在學校成立一支棒球隊，但是目前缺乏各項球隊的裝備，想請問你們是否願意贊助我們一些經費或是器材呢？如果願意的話，我們會將你們企業的名字放上我們的球衣，讓大家看見你們的善心。」

總之，我就是在電話中跟他們說明我們球隊的故事以及狀況，並向他們提出贊助球隊的邀請以及合作的方式，然而對方在接到電話後，幾乎都沒有意願與我討論任何球隊或是贊助上的細節，反而都只是把我當作詐騙集團，直接掛掉我的電話，留下在電話另一頭錯愕的我。

不過，除了被當作詐騙集團掛掉電話外，還是有少數企業令我十分感動，願意聽我講完球隊的故事，甚至熱心地詢問球隊的狀況以及贊助細節，並跟我說：「我會再幫你轉達給公司的主管，讓他們評估贊助你們球隊的可能性，評估完成後我們也會再跟你聯絡，一定要繼續加油喔！」每次聽完這種電話的當下，我總是相當的興奮，並且熱切的等待著這些公司的評估結果。

只是，這些評估的結果與回覆，在經過了超過四年的時間後，我依然在等待著！

換個方式，篩選目標對象

募款行動接二連三的失敗，被掛電話、甚至被當作詐騙集團的情形不斷發生，這樣的經驗，當然令我感到挫折，卻也因此讓我意識到原先選擇的募款方式，並不適合用在遠在台灣後山，又默默無名的學生球隊身上。

發現問題，當然就要解決問題！透過電話方式來替球隊募款，最大的問題無非就是事先沒有仔細的挑選對象，沒找到與棒球相關，有興趣贊助的單位來協助球隊。

當時除了電話募款的方式外，我實在想不出其他方法來進行募款，所以為了解決問題，我開始上網利用幾個像是「棒球」、「夢想」、「基金會」這類的關鍵字來做搜尋，希望能從中找出一些比較有可能贊助我們球隊的單位後，再來進行聯絡。

果然，我這次先篩選對象再連絡後，大部分的電話都有獲得回覆，並且很幸運地找到了謝國城棒球文教基金會，這個由「台灣少棒之父」——謝國城先生的兒子謝南強先生為了延續父親對棒球運動的支持所成立的基金會。於是，謝國城棒球文教基金會成為我們

成為校隊後，謝國城棒球文教基金會贊助我們的第一套球衣。

球隊的第一個贊助單位，謝南強先生成為我們成立球隊、追逐夢想之路的重要貴人。

在與謝國城棒球文教基金會連絡的過程中，很容易就感受到這個基金會對於棒球運動的支持，即使打電話過去的只是一名國二的學生，時間又是在我放學，他們即將要下班的時段，但是他們仍然願意給予時間及機會，讓我把球隊故事說完，並在仔細的聆聽我們球隊的需求後，針對我們的需求結合他們多年來關注基層棒球的經驗，與我們討論出更可行的協助方式。

接下來，他們很快就贊助球隊當時最迫切需要的裝備——捕手護具及練習用球，讓我們能夠展開更安全且更有效率的訓練，並朝著從社團邁向校隊、站上球場比賽的目標努力。

正是這一次與謝國城棒球文教基金會合作的經驗，讓我對基金會與謝南強先生充滿感謝外，也開始相信台灣社會上，還是有很多願意支持棒球運動、支持學生夢想的單位，等待著我們主動發掘，讓他們協助學生完成心目中的夢想。

我們都是追夢集團

不被肯定、不被信任、甚至被當作詐騙集團，這幾乎是每個人在夢想開始起步時，因為沒有成績、沒有知名度，而最容易遇上的問題。

在不被肯定、不被信任、甚至被當作詐騙集團的當下，對於我們來說，當然一定會是個很大的挫折，遇上這樣的挫折我們可以沮喪、我們可以難過，但是我們絕對不能因此就放棄夢想，因為一旦放棄，就真的會變成那個不被他們看好的詐騙集團！

人生總會遇上挫折，我們當然可以難過，但也不必難過太久，因為我們必須從挫折中思考——是不是因為我們做錯了什麼事情，或是我們用錯了方法，如果是的話，我們就要趕緊修正，然後再繼續抬起頭，勇敢地奮力前行完成夢想。

因為，無論如何，我們一定要完成夢想，一定要讓所有人知道我們不是詐騙集團，我們只是一群心中懷抱夢想的「追夢集團」！

CH 5

成為海星國中正式校隊

弘宇：「如果大家都要贊助我們，該怎麼辦？」
同學：「咦！你終於找到贊助了？恭喜你喔！」
弘宇：「我向太多單位募款，擔心錢會太多！」

海星
Stella Maris
10
16
29
海SERVIAM星

學校沒有成立棒球隊的預算

球隊在獲得謝國城棒球文教基金會的贊助後，運作狀況正式步上正軌，而且漸入佳境，除了最基本的器材逐漸到位外，球隊人數也持續增加。這讓我開始覺得已經有機會能按照球隊成立時的規劃，向學校提出成為正式校隊的申請。

然而在成為校隊前，我們仍然有個重要的問題等著克服，那就是當時學校已經有籃球隊、排球隊、田徑隊、原住民舞蹈隊、啦啦隊等眾多校隊，經費上並沒有成立新校隊的預算，因此如果我們真的要成為正式的校隊，就必須要向學校證明我們在經費上能夠完全自主，不會造成學校的困擾。

啟動電子郵件募款計畫

所以，除了要讓球隊人員穩定外，也要擁有足夠的經費來說服學校支持我們成為校隊，所以我決定繼續進行募款行動。基於上次電話募款的經驗，這次我決定採取電子郵件方式來進行募款。

這個念頭起因於當時在網路上看到行政院的民眾信箱，我靈機一動的認為既然棒球是台灣的國球，那麼想必政府也一定會有相關的計畫來支持棒球這項運動，所以就寫了一封介紹球隊故事以及我們需要哪些幫助的信件過去，並期待這封信能被相關的政府單位看到，進而讓我們直接獲得政府的幫助。

在寄出給行政院的電子郵件之後，講求工作成效的我又開始認為：既然已經辛辛苦苦地寫了這封信，那麼就應該要好好發揮這封信的價值，讓這封信被更多單位看見，以增加球隊獲得資源的機會，所以就開始依照當時挑選募款單位電話的方式，把這封信寄到了將近三十個我認為有可能會對我們有興趣的單位。

就在寄出了這些電子郵件後，我猜測大約一個禮拜的時間就能收到對我們有興趣單位的回覆，而在等待的這段時間，樂觀的我還一度興奮的和同學們分享我異想天開的擔憂：「我會不會寄了太多單位啊，如果到時候他們都回覆我有贊助的意願，那我又該如何分配這些經費，或是向這些單位拒絕呢？」

於是，我就這樣樂觀的擔憂了將近一個禮拜的時間，直到一個禮拜過去，仍然沒有收到任何回覆，我才逐漸放下心中的擔憂，認清就算這些單位有提供相關的幫助，也需要尋求正常的管道去爭取，不可能只透過一封寄到他們客服信箱的電子郵件就會贊助我們的事實！

沒有收到任何民間單位的回覆，也讓我認為寄到行政院的信，也一定早已隨著每天全國民眾湧入的眾多信件石沉大海，再也不可能收到任何回覆了。

沒想到，就當我打算要承認這次的電子郵件募款計畫完全失敗的時候，我的信箱居然收到唯一的一封回信，而這封回信的寄件人正是——行政院。在這封署名「中華民國行政院」的唯一回信中，令我十分驚訝的是，這並不只是一封標準格式的例行回覆，而是一封充分對於我信中提出的需求了解後才做出的詳細回覆，內容除了有一些鼓勵我成立球隊的話外，更多的是他們認真地針對我信中的問題所做出的回覆，以及主動提供給我的各種政府補助申請建議。

海星國中棒球發展計畫書

只不過在我仔細了解那些補助的申請建議後，我便發現到一個與我進行募款行動有著因果關係的問題，那就是這些經費補助，大部分都只有學校正式的校隊才能申請，所以當時只是學校社團的我們根本就無法申請！

而要解決「有經費才能成為球隊；是校隊才能申請經費」的情況，就像是「雞生蛋；蛋生雞」的問題一樣，無論如何只要先生出一隻雞或是一顆蛋，一切的問題就能迎刃而解，因此我便決定以此為未來穩定經費來源的依據，加上球隊當時已經穩定的人數及器材狀況，向學校提出成為正式校隊的申請。

然而在開始著手準備申請時，我又遇上了一個問題，那就是學校沒有由學生申請成立校隊的往例，因此找不到任何相關的案例參考，我只能透過自己的摸索尋找可行的申請辦法。

當時根本不會寫計畫書的我，為了要讓這份計畫書看起來更加專業，就向一位曾經協助過花蓮一間國中棒球隊募款的前輩請教，並且在大幅參考他的計畫書後，擬定一份《海星國中基層棒球發展計畫書》，正式向學校提出成為校隊的申請。

▍努力拼湊下誕生的「海星國中基層棒球發展計畫書」。

《海星國中基層棒球發展計畫書》在我努力「拼湊」之下誕生後，不知道學校正常運作程序的我，便在計畫書完成影印裝訂後交給我認為與成立新校隊最為相關的體育組長，並天真地希望他能夠在看完計畫書後就直接同意我們成為正式的校隊。

不過事情似乎總是沒有「憨人」我想像的那麼簡單，要在學校成立校隊，除了繳交計畫書給體育組長外，還有許多的程序及流程需要進行，而且也一定需要經過校長及主任們討論同意，才有可能正式成立。然而，不了解這些程序的我，以為過一陣子，都沒有收到體育組長的回覆，就意味著我所提出成為正式球隊的計畫被他拒絕了。

因此，一心只想讓球隊儘快成為校隊的我便決定要把計畫書拿給層級更高的對象——校長，我認為他一定有足夠的權力，決定是否要讓我們成為正式的校隊。

於是，有一天午休，我帶著那份費盡心思所「拼湊」完成的《海星國中基層棒球發展計畫書》進到校長室，向校長說明我們希望成為正式校隊的計畫。一見到校長，我便拿出計畫書開始向校長報告，然而第一次與校長進行正式談話的我，難免感到緊張，所以講起計畫並不流暢，好險校長十分友善，看到我因為緊張而講話速度太快，還貼心的提醒我不要緊張，講話要講慢一點，並在聽完說明後，答應會找個時間來看看球隊的訓練狀況，並承諾會在下次的主管會議中與其他主管討論。

意外的插曲——難道棒球是危險的運動

很快的，就在與校長對話結束後的那個週末，校長就履行了承諾，親自到球場來看我們練球，然而球隊卻也在那天的訓練中發生一件令人意想不到、差點就有可能改寫球隊命運的意外！

那天的訓練，大家可能都因為急著想要展現自己的訓練成果給校長看而有些分心，就在我們一如往常的進行熱身後的傳接球訓練時，有一位帶著眼鏡的球員，眼睛直接被球給命中，正當我們聽到棒球與身體的碰撞聲後，就看到他的眼鏡掉在地上，眼睛開始流血，這樣的畫面讓在場的所有人都嚇傻了，深怕他會因此失明。原先在一旁默默觀看我們練球的校長也皺著眉頭，十分擔心的急忙跑到球場內，關心那位被球打到的球員，並急切地詢問是否需要協助將他送進醫院掛急診。

好險相當幸運的，那位球員的父親即時趕到，帶著受傷的隊員到附近的醫院進行治療和檢查，確定只是臉上皮肉傷，讓我們都鬆了一口氣。

不過在擔心完那位隊員的傷勢後，我開始擔心另外一件事情，那就是——在場邊從頭到尾目睹當天整場意外的校長，是否會就此在心中留下一個「棒球是一項危險運動」的印象，尤其是在校長跑進球場時那一閃而過的皺眉表情，更是讓我擔心這場意外，會不會就此改變了校長對於棒球隊的支持態度。

是時候成為正式校隊

很幸運的，申請成為校隊的計畫，似乎沒有受到意外發生的影響，陸續有其他校內的老師、主任在假日來球場關心練球的狀況，學校似乎也終於開始討論起讓我們成為正式校隊的相關事宜。

不過，一心只想讓球隊儘快成為校隊、非常沒有耐性的我，在經過了幾周的等待，都沒有任何消息的情況下，又再次直接跑進校長室，想要向校長詢問學校評估討論的結果，這次我不用再讓校長提醒要說慢一點，而校長也給了我一個等待已久的回答：「學校願意在『訓練不影響課業』以及『球隊的裝備及經費自理』的這兩項前提下，支持棒球隊的成立。」

校長所提到的這兩個前提，正是球隊當時的運作模式，所以要在這樣的前提下成為校隊，也絕對不會是問題。這也意味著在聽完校長的說明後，我們海星棒球隊終於順利的從一個社團轉變為一個學校認可的正式校隊，一舉解決了「有經費才能成為校隊；是校隊才能申請經費」這個「雞生蛋；蛋生雞」的問題；更令人振奮的是——我們能夠開始以校隊的名義對外參加比賽，與其他球隊一起在球場上享受比賽的樂趣！

讓人願意支持你的夢想

能在那麼短的時間成為學校正式校隊，是一件我們從未想像過的事情，但是回顧成為正式校隊的過程，或許一切都可以想像。

在尋找穩定經費來源的過程中，我們發現到大部分的經費，都只有正式校隊才能申請，所以便決定要穩定經費來源，向學校正式提出成為校隊的申請。

提出申請前，我們就已經針對各項學校可能會有的疑慮，準備好了因應的方案，所以在與校長討論的過程中，我們也能充分的針對學校的各項疑慮，進行主動的說明，讓學校了解支持我們除了能夠讓學校增加一支運動校隊外，並不會有任何經費問題，願意支持我們成為正式校隊，順利達成我們的目標。

所以，當我們要去爭取別人的支持時，最急迫的事情並不是要急著說服別人，而是先找出能夠說服別人支持你的關鍵，讓別人能夠快速釐清支持你的利弊，那麼在你想爭取的對象得知支持你是一件利大於弊的事情後，他們又有什麼理由能夠不支持你呢？

CH 6

出乎意料的差距

學弟：「難道我們真的沒有機會贏球嗎？」

弘宇：「至少讓他們不會贏的那麼輕鬆。」

學弟：「那我們就多練一點吧！」

海
海
海
海
MIZUNO

別人的假日，我們的練球日

對學生來說，辛苦上了一整個禮拜的課後，最期待的莫過於週末兩天的假日時光了，不論是要好好地睡覺，補充一整個禮拜以來，每天因為學校課業必須晚睡早起而瀕臨崩潰的體力；或是和朋友相約，充實自己的社交生活；甚至是待在家中看上一整天的閒書影片等等放鬆身心釋放壓力。

成立球隊前，我和隊友們也是如此，假日向來都是最輕鬆的時光。但是球隊成立後，因為要履行對學校「訓練不影響課業」的承諾，不能在週一到週五上課時間練習，所以原先的假日時光，自然也就成為我們球隊唯一能運用的訓練時間。

當假日成為我們球隊的訓練時間，就意味著假日能自由運用的時間大幅減少，甚至對一些和我一樣，週六還要補習的隊員來說，這代表的是假日完全消失，但「加入棒球隊」是大家自己的選擇，並沒有任何人強迫。另一方面，能與隊友們一起在球場上打球，是一件令人高興的事情，所以即使必需犧牲假日時光，我們還是一直甘之如飴的接受著訓練。

一邊玩土、一邊練習撲壘。

每次練球之後的體能訓練。

三〇比〇的震撼教育

為了追求自己的棒球夢，每個週末不間斷犧牲假日休息時光，像個神經病一樣選擇離開舒服的冷氣房，跑到大太陽底下冒著可能曬傷、中暑甚至是被棒球打到的風險，辛勤的接受訓練，如此努力的付出，想必一定會有收穫，讓我們有機會在比賽中打贏對手吧！

原先的我，也一直這麼認為。直到在球隊成為校隊後，參加第一場比賽——全國硬式棒球聯賽花蓮區初賽，受到了對手的震撼教育，我才完完全全的改觀。

第一次穿著球衣代表學校參加比賽、第一次站上有裁判與對手的球場，這種全新的體驗，讓大家都感到既興奮又緊張，在完成賽前喊聲——海星！海星！海星！加油！加油！加油！與對手互相握手敬禮後，擔任先守方的我們便紛紛站上各自的守備位置，等待裁判一聲令下：比賽開始！

因為，一切都是第一次！所以大家的心情，也都從原先的既緊張又興奮，轉變成了只剩下緊張，也因此我們的先發投手，完全不讓對手有任何攻擊機會——接連投出壞球，保送讓對手站上壘包，後來在教練以及隊員們的鼓勵下，才慢慢能夠把球投進好球帶。

比賽前蓄勢待發，實際上即將遭受震撼教育。

但是，當投手好不容易穩定了下來，能夠投出好球後，迎接我們的卻是一場震撼教育，投手的每一顆好球，幾乎都被對手打成又高又遠的強勁安打；至於那些對手沒打好、我們應該可以穩穩守備拿下出局數的機會，我們卻總是失誤，拿不下任何出局數！最後，對手已經拿下二〇分，我們卻拿不下一局的三個出局數，對方教練為了儘快結束這局比賽，已經刻意下達自殺短打戰術[1]，但我們卻仍不斷發生失誤，自亂陣腳的讓對方的自殺短打

1 當雙方實力落差過大，勝負已定時，部分球隊的教練為儘快結束比賽，會刻意下達觸擊戰術，替對方製造易於守備拿下出局數的機會。

成了能跑回本壘得分的全壘打！

在這樣的慘況下，打了將近一小時我們才終於結束第一個半局，後面幾局雖然守備穩定下來，能夠處理對手的自殺短打，但是在打擊上，面對投手的犀利球路，我們卻還是毫無斬獲。就這樣在第三局，我們就被對手以超過三〇比〇的比數提前結束比賽[2]，讓我們在球隊的第一場比賽留下了永生難忘的回憶。

第一場比賽後的兩場比賽，隨著經驗的增加，我們不再像第一場一樣，會因為太過緊張而失誤連連，能夠順利完成守備或是打到對方的球，但是面對那些從小每天接觸棒球，以未來打進職棒為目標的選手組成的球隊，我們還是一再被對手提前結束比賽，早早就打包回家休息！

[2] 棒球比賽為避免雙方實力落差過大，而設立的提前結束制度，學生棒球比賽中通常是3局15分、4局10分、5局7分。

設定新目標

經過第一次比賽的震撼教育，雖然感到沮喪，我們還是檢討了輸球原因，第一，自身實力不足，第二，對手實力真的太強。總而言之，就是我們與對手之間，實在存在太大的實力落差了！因此，我們決定做出一些改變！

一開始，我們相信努力一定會有收穫，但這個收穫會有多大，我們並不知道！所以我們以打贏花蓮其他球隊做為努力的目標，然而在第一次比賽結束後，我們卻發現到，那些我們碰到的球隊，幾乎每個選手都是從小就以長大後打進職棒為目標，每天持續地努力著，而想打贏他們的我們，卻是一支只有週末才能練習的球隊！

想要打贏這群選手，當然不是不可能。但是對我們這些國中才開始接觸棒球，訓練時間又不多的新手而言，簡直就是不切實際的目標，畢竟為了夢想在付出努力的，絕對不是只有我們而已。那些我們想要打贏的對手，也是不斷在為他們的目標及夢想努力著，他們是一群可敬而不可輕視的對手！

在認清現實後，我們自知可能永遠無法打敗在棒球上付出比我們遠遠多出許多的他們，但至少也應該要持續努力，以不再被他們提前結束比賽、不再讓他們對上我們時，能夠贏得如此輕鬆為目標繼續努力。

在設立新目標後，我們決定花更多時間在訓練上，然而顧慮到不能影響課業，我們只好利用更多的假日時光，把半天訓練改為整天、把寒暑假也拿來訓練。然而，這樣的加強訓練，究竟能不能達成目標呢？還是最後又會像第一場比賽，發現目標與成果其實相差甚遠呢？當時我們並沒有想太多，因為如果沒有努力去嘗試，又怎麼會知道結果呢？

番外篇——海星農場培訓計畫

寫下這篇文章的當下，球隊已經成立將近五年，除了幾場勝利與一座獎盃外，我想最能夠向大家證明努力終究會有成果的，就是二〇一七年從國中畢業的學弟，我們海星棒球隊「農場系統」[3]所培養出來的第一批球員了。

二〇一七年自國中畢業，從國一就加入棒球隊的隊員一共有五位，在國中一年級加入棒球隊時，他們各個身材都非常嬌小，沒有一個打過棒球，他們會想加入棒球隊，憑的全都是對棒球的興趣與熱愛。坦白講，以他們的經歷與身材條件，不論去到哪個正規棒球隊，都不可能加入。然而，經過整整三年在球隊的努力訓練後，每一個在國三畢業時，不論是身材或是球技都有了大大的進步，甚至有條件加入正規棒球隊！

球隊三年的完整訓練，即使練習的時間每週加起來不到正規球

3 大聯盟各球隊為培育新秀，會利用小聯盟體系來進行選手長期的養成，通常稱之為農場，此指由海星棒球隊自行培育出的選手。

隊一天的訓練。但是，每位隊員練球時幾乎都不會缺席，國中三年還是累積了相當可觀的練球時數，這些辛苦的付出，也替他們帶來了豐富成果。

當他們在畢業前，再次遇上那些傳統強隊，他們開始漸漸的能把對手投出的球擊到全壘打牆上；開始能把對他們虎視眈眈的打者三振出局；開始能展現令人驚豔的美技守備，把對手刺殺在壘包之上。

他們的好表現，讓對手們剛開始認為只是「意外」或「運氣」，逐漸轉變為對我們海星棒球隊努力的肯定，開始願意在跟我們比賽時，更加的全力以赴。當對手全力以赴再加上我們球隊實力日益進步之下，比賽對我們與觀眾而言，也變得更加精彩刺激。

「海星農場」第一批培訓球員剛加入球隊時的青澀模樣。

CH 7

面對挑戰，
創造難忘回憶

學弟：「學長，今天又沒有場地練習了？」

弘宇：「誰說沒有！那邊不是有紅土球場嗎？」

學弟：「蝦米！那是網球場耶！」

用竹子練習揮棒

想必大家都聽過在一九六〇年代替台灣棒球寫下傳奇的紅葉少棒故事吧！他們因為沒有足夠的經費，只能赤腳跑步、石頭當棒球、竹子做球棒來練習，一直以來我都認為這種訓練方式，應該已經隨著台灣經濟的進步而消失。沒有想到的是，這樣的情節，卻在我們身上真實發生！

球隊成立的第一年，整個球隊就只有三支珍貴的球棒，練習揮棒時只能輪流使用，當時我們的教練——賴文輝，在警察退休後，除了教球之外，也在離花蓮市七〇公里遠的萬榮鄉部落開水電行。每到假日，為了指導我們訓練，他總是開著他那台裝滿各式工具的貨車，開兩小時的車程趕來。有一天，教練突然叫大家去他車上搬東西，原先我們還在猜究竟是要拿什麼？直到教練打開車門，我們才知道教練要我們拿的東西是「竹子」，教練將一根根看起來還相當新鮮的綠色竹子從車上拿出，說先拿進球場等會練習時會用到，於是大家便議論紛紛的一邊討論竹子的來歷及用途，一邊進行著熱身。

熱身結束後，教練在場中集合大家，隨手拿起地上的竹子，操著他那原住民的口音以幽默口吻向大家說：「這些竹子都是教練今天早上上山，冒著被蛇咬的風險幫你們砍的，每支都還很新鮮。不過，你們千萬別因為這樣，就拿去做成竹筒飯！教練知道你們球棒很少，所以才特別幫你們準備這些竹子，給你們練習揮棒，每人都有一支，拿到後，就去開始練習揮棒動作。」於是一群人就這樣一個個的拿起鮮綠的竹子，練習揮棒動作，也是因為這樣有趣的經驗，以及被教練替我們冒險砍竹子的行為給深深感動，我到現在仍然將教練給我的竹子保留在家中。

都是紅土，網球場也可以練習吧

我們是一支連球棒都缺乏的球隊，當然更別想有自己的練習場，因此剛成立時，我們經常為了要找球場而四處奔波，有時一個球場都找不到，只好發揮創意，移動到各種自認為適合練習的場地！

在這些練球場地中，最令我印象深刻的莫過於在紅土網球場練習了！我們會跑到網球場，是因為平時練習的國福棒球場有正式比賽，所以臨時改到學校附近的操場練習，但當我們熱身完，才發現操場已經被一個足球俱樂部長期租借，我們只好再去找場地，但在校園繞了一圈發現都不適合，我們總不可能因為沒場地就臨時取消練習，因此勉強找了一個比較適合的場地——荒廢的紅土網球場。

走進網球場，才發現場地的荒廢狀況比想像的還要糟糕，地上長滿青苔，就連周圍鐵網都嚴重生鏽，隨時都有可能倒塌，但是當時我們也只能朝著比較正面的方向去想，覺得至少還能在「紅土」的場地練習，而且說不定我們是第一支在網球場練習的棒球隊！

籃球場也有我們的身影。

在荒廢的網球場練球。

面對挑戰，創造回憶

每個夢想的開始，一定是困難重重，各種挑戰、各種難題總會在追逐夢想的路上等待著我們，面對這些挑戰，當然可以選擇離開這條崎嶇的路，就此放棄夢想。

不過，因為我不是一個喜歡輕言放棄的人，所以當遭遇到挑戰時，我選擇去接受它、面對它、並且解決它。

因為沒有球棒，所以我們用竹子練習揮棒；因為沒有球場，所以我們在荒廢的網球場訓練。

這些過程，雖然當下都令我們感到無奈，只是隨著時間過去、當夢想逐漸完成時，這些當初令人感到無奈的過程，居然都成為了自己難忘的回憶。

或許正在看著這本書的你，也正在追逐著某個夢想，一路上將會有著無數的挑戰等著你去面對。

請千萬記得，當你遇到這些挑戰時，一定要勇敢的面對它，並且發揮你的想像力解決它，讓它成為未來你完成夢想時的美好回憶。

隊友番外篇——林宗盛

剛進入海星國中時的暑輔，海星棒球隊的隊長游弘宇到我們班上招募隊員，當時憑著從小對棒球的熱情，立刻在報名表上寫下我的名字與連絡電話。

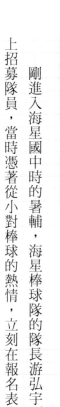

隔天晚上，學長打電話給我爸，通知我禮拜天九點開始練球，於是我帶著快樂又興奮的心情成為海星棒球隊的一份子。到了球場，在教練耐心的教導下，才知道原來打擊有那多學問，右腳跟腰都要轉這樣才能把下半身的力量灌注在球上，而且棒子要由上往下揮，讓揮棒軌跡縮短就能縮短揮棒時間，就可以有更好的打擊時機，原來在棒球場上打出一顆球包含的技巧這麼多，是沒進球隊前的我，完全不知道的門道。

國小時喜歡棒球的我，總是簡單的以為力氣大的人打的球就很遠，但參加球隊後，才知道打擊沒那麼簡單，也讓我對棒球的熱情更與日俱增。再來就是守備，經過訓練後，我懂得一隻球隊守備好壞的重要，因為守備好才能將對手分數壓低，讓對手一直得分的比賽一定會讓觀眾嘆氣。所以離不輸球這個目標最近的方法，就是要有好的守備。最後，來球隊最重要的收獲，是得到可以信任、玩得開的隊友，進來球隊認識的隊友，跟我變得像親兄弟一樣，我們傳球一組，球隊要分組的活動都是跟他一起，去外地比賽時，也都是跟他玩在一起，我記得他做過最好笑的事情是自己跑去撞排球網然後手斷掉，聽到別人跟我說，當下真的笑慘了，這真是我的好兄弟。參加球隊，我學習到團體生活，遵從教練的指令，不能自己一意孤行，聽不進教練的指導，這樣永遠不會進步，不跟隊友好好培養默契，這樣只會害球隊沒辦法贏球，我真的很開心加入這個球隊，海星棒球隊是我國中生涯像家一樣的重要生活中心。

國中畢業後，我選擇直升高中部，繼續我在棒球隊的快樂學習歲月，也許將來我不一定會變成職棒選手，但我對棒球的熱愛將一生不變，這就是我在海星棒球隊的無價收獲。

CH 8

最瘋狂的事情

弘宇：「馬志翔導演，您好！」

導演：「同學你好，你也要用洗手台嗎？」

弘宇：「我想和您分享我們球隊的故事！」

花蓮

中職賽場上，太小張的海報

球隊在有了謝國城棒球文教基金會的贊助，並且順利成為校隊後，我雖然停止用電話及電子郵件進行募款，但是球隊的資源仍然缺乏，所以我依舊不斷找尋其他比較常見而且可行的方式募款。不過，從小腦中就充滿許多瘋狂想法的我，所想出來的募款方式不但都沒有比較正常，甚至可以說是一次比一次還要天馬行空。

二〇一四年五月，中華職棒的兄弟象隊與Lamigo桃猿隊來到花蓮進行賽事，這件事在我眼中，除了代表我終於可以現場看到職棒比賽外，也意味著將有許多與棒球相關的資源與機會進到花蓮，而這個難能可貴的機會，我當然一定會好好把握！

當我決定把握這個中華職棒難得來到花蓮的機會爭取資源後，便根據中華職棒這個全國同步現場轉播，又幾乎是全國棒球迷都關注焦點的特性，擬訂一個製作海報張貼於球場，讓海星棒球隊曝光的行動。

擬定行動方向後，我立刻開始著手構思張貼的海報文案，並自行設計海報。不過因為我的美學涵養實在不高，所以設計出來的海報簡直慘不忍睹，好險要將海報拿給印刷店時，遇上的店員正好是

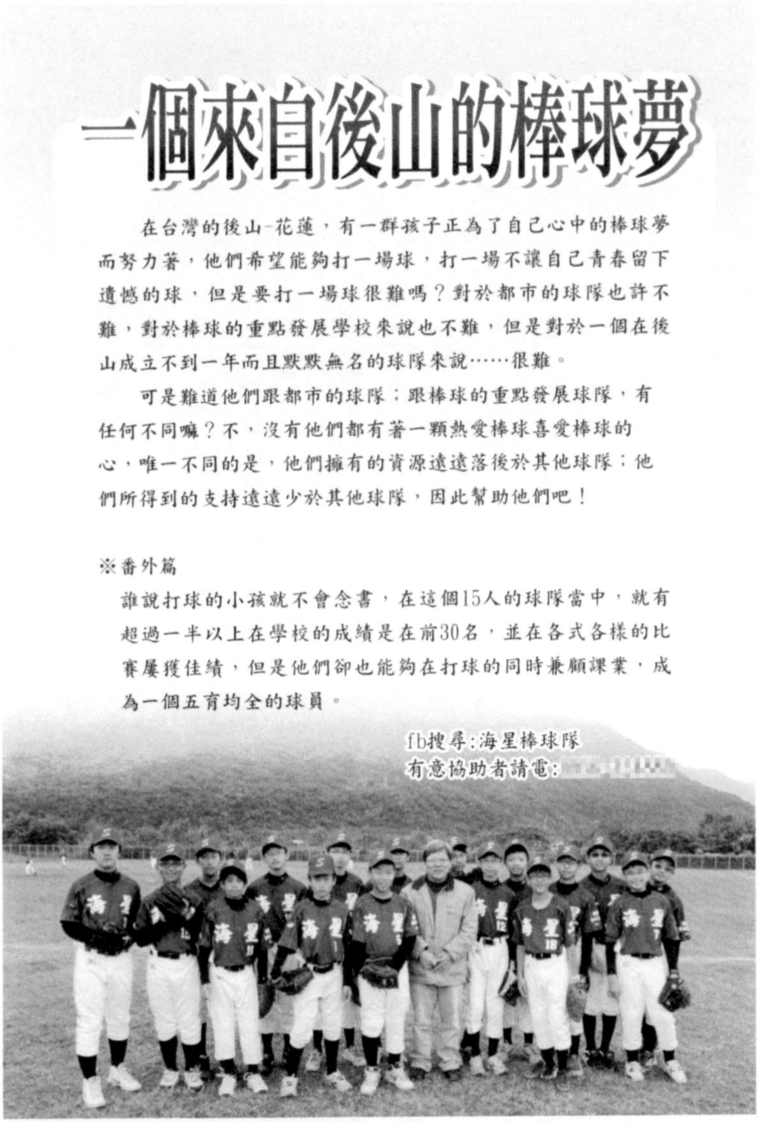

在台灣的後山-花蓮，有一群孩子正為了自己心中的棒球夢而努力著，他們希望能夠打一場球，打一場不讓自己青春留下遺憾的球，但是要打一場球很難嗎？對於都市的球隊也許不難，對於棒球的重點發展學校來說也不難，但是對於一個在後山成立不到一年而且默默無名的球隊來說……很難。
可是難道他們跟都市的球隊；跟棒球的重點發展球隊，有任何不同嘛？不，沒有他們都有著一顆熱愛棒球喜愛棒球的心，唯一不同的是，他們擁有的資源遠遠落後於其他球隊；他們所得到的支持遠遠少於其他球隊，因此幫助他們吧！
※番外篇
誰說打球的小孩就不會念書，在這個15人的球隊當中，就有超過一半以上在學校的成績是在前30名，並在各式各樣的比賽屢獲佳績，但是他們卻也能夠在打球的同時兼顧課業，成為一個五育均全的球員。
fb搜尋:海星棒球隊
有意協助者請電:

▍當時做的「一個來自後山的棒球夢」海報。

學校畢業的學姊，當學姊聽了我們球隊的故事後，便決定熱心的義務協助重新設計海報。而在有了專業人士的協助後，我順利在中華職棒開打當天，拿到經過學姊拯救後，顯得更為專業且美觀的海報。

不過，當我將海報帶到棒球場內張貼時，卻發現到非常嚴重的問題，那就是沒有經驗的我，原先以為很大張的海報，拿到棒球場中，尺寸就瞬間變得像是棒球場上的一張小紙片，別說球場上的職棒球員看不到，就連我原先期望能替我將海報內容轉播到全國的攝影師，也完全沒有注意到上面寫著大大的「CUE我」，而且就張貼在他們身後牆上的小海報。

棒球場外的舉牌小弟

一直以來我都不是個會輕言放棄的人，而且既然花了時間和經費製作海報，我更不可能會輕易的讓這份心血白費掉。當我發現沒有辦法透過電視轉播的攝影機，讓這份海報被全國喜歡棒球的觀眾注意後，具備豐富失敗經驗的我，當機立斷決定更換目標對象，鎖定比賽現場雖然族群很小，但肯定與棒球相關，而且在棒球圈都具有影響力的「職棒球員」，做為我這份海報的主要傳達目標。

要讓球員們看見海報，意味著我必須搶到一個好位置。因此，我在比賽結束後，快速的將海報拆下，一路飛奔到比賽後球員們離開球場搭乘的巴士旁邊，舉著我那張微小的「大海報」，等待著球員們的出現。後來，巴士旁邊聚集了越來越多等待的球迷，這時刻意穿著我們球隊球衣、舉著大海報的我，也開始顯得特別引人注目，因此大家在等待球員搭上巴士時，看到了我的海報內容，也都親切的給我許多鼓勵，甚至還有人熱情的找我拍照，說要替我們宣傳，這些鼓勵與支持也給了我更多的信心。

其實，個性害羞的我，因為不想被人注意，一度想逃離現場，甚至為了不讓人看見自己的臉，我剛開始還像個被警察逮捕的嫌犯一樣，戴上頭套、只露出兩隻眼睛，直到發現戴著頭套似乎更加引人注目，才趕緊將頭套拿下。

等了許久，終於等到球員準備走上巴士，我開始像在路邊發送傳單的工讀生一樣，一邊舉著大海報、一邊將A4大小的文宣分送給球員，並發揮自己身棒球迷、多年來追星的成果，熟門熟路的一路追著球員到他們下榻的飯店門口。

由於飯店門口的球迷不多，所以我有了機會能夠跟球員們提出拿著海報拍攝合照的請求，因為剛剛球員都已經收到我的傳單，所以多多少少有些印象，因此會簡單與我寒暄幾句，甚至有些球員因為在車上看過傳單內容，會詢問一些我們球隊的狀況，當中最令我印象深刻的，應該就是我打從接觸棒球以來的偶像——彭政閔。

在拿著海報與他合照時，他先是親切的關心我們球隊的運作狀況，又詢問我們需要哪些資源。最後，彭政閔承諾會以他當時職棒球員工會理事長的身分，請球員工會派人與我聯絡，針對我們的需求給予協助。聽見從小到大的偶像親口說出願意幫助，實在令我感到相當興奮，但是太興奮卻造成了意外，我居然就在開心合照完，

興奮地與棒球偶像彭政閔合照。

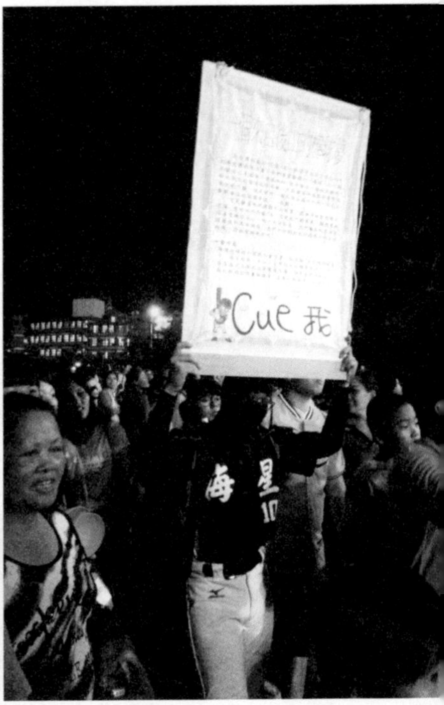

戴著頭套的舉牌小弟。

並向他說謝謝後，就興奮的繼續去找其他球員合照，直到準備睡覺時，才發現自己忘記提供聯絡方式，這件原先算是成功的事情，因為我愚蠢的疏失，再度沒有下文。

廁所攔截馬志翔導演

同年七月暑期，我跟同學參加「視界改變世界——台灣青少年領袖高峰會」的活動。當時，活動主辦單位找了當年剛拍攝完《Kano》的導演馬志翔先生來演講，這是一部描述日治時期嘉義農林棒球隊，如何從一支從來沒有贏過一場球賽的棒球隊，一路從台灣打進日本高中棒球最高殿堂甲子園，並一舉拿下當時全日本第二名佳績的熱血棒球電影，演講中他分享拍攝這部電影的心路歷程以及個人的成長故事。

看到他讓我相當的興奮，一方面是因為見到偶像，一方面則是如果他願意幫助我們球隊，那絕對會很有幫助。於是，為了能與馬志翔導演說到話，並介紹球隊，我在認真聆聽完演講後，一路跟著他到廁所，打算利用他上廁所時，這個絕對跑不掉的機會來與他對話，但是想想這樣做實在不太禮貌，所以便改為他在洗手台洗手時與他對話。由於身上沒有帶任何球隊的資料，所以我拿著手機，一邊指著手機上的照片、一邊手舞足蹈的介紹著球隊的成立故事。我原先很擔心他會打斷與我的對話，並委婉地說聲謝謝，就趕緊遠離我這個在廁所攔截他的變態。好險我擔心的狀況並沒有發生，直到我順利的說完球隊故事後，他才因為主辦單位來找他而離開，並特地在離開前遞給我一張他的名片，請我與他的工作室聯絡相關事宜。

活動結束後，我興高采烈地拿出在廁所取得的名片，連絡馬志翔導演的辦公室，並提供之前球場海報的文宣給他們，希望馬志翔導演協助我們分享到他個人的粉絲專頁，雖然馬志翔導演當時正在國外，還是很快的就看到他在個人的粉絲專頁上分享球隊文宣，就這樣因為具有影響力的人協助分享，更多人認識了我們球隊的故事。

馬志翔導演對於我們的幫助和緣分，在這之後也依然持續著，當我們因為參加安麗希望工場慈善基金會的的「二〇一四，小夢想．大志氣」追夢計畫進入決賽，需要透過網路投票來爭取佔了五〇％成績的分數時，馬志翔導演也再次透過他的影響力幫助我們，讓我們獲得他廣大粉絲的支持，使我們在網路投票的票數上得以增加，因此順利取得一五〇萬元圓夢獎金，更神奇的是，後來我們居然還邀請到在電影《Kano》中飾演真山卯一的演員謝竣倢選手，擔任我們球隊的教練。

▍受到教練謝竣倢邀請而來探訪我們的馬志翔導演。

讓瘋狂的想法成真

一直以來，我都被說是一個充滿著瘋狂想法以及固著實驗精神的怪人。

在球隊成立後，因為有了替球隊募款的機會，讓我有了十足的空間去發揮瘋狂想法。而幸運的是，當這些瘋狂的想法，在許多貴人的幫助下實踐後，都發揮了神奇效果，讓球隊更加步上軌道。

不論是在中華職棒來花蓮時製作海報，希望透過轉播引起關注；為了與馬志翔導演取得聯繫，刻意在廁所「攔截」他；或是前面提到的打電話給陌生人募款、寄信到行政院等等瘋狂的事情，從發想到執行的過程，其實都只環繞著一項關鍵要素，那就是讓創意得以盡情的發揮並且執行。

越瘋狂的夢想，越需要用瘋狂的方式去將他完成！

每一個人都蘊藏著無限的創意！相信只要願意開始盡情的發揮創意，並將那些看似天馬行空的創意一一實踐，我們就能藉此順利度過許多難關，並且距離夢想成功的日子越來越接近！

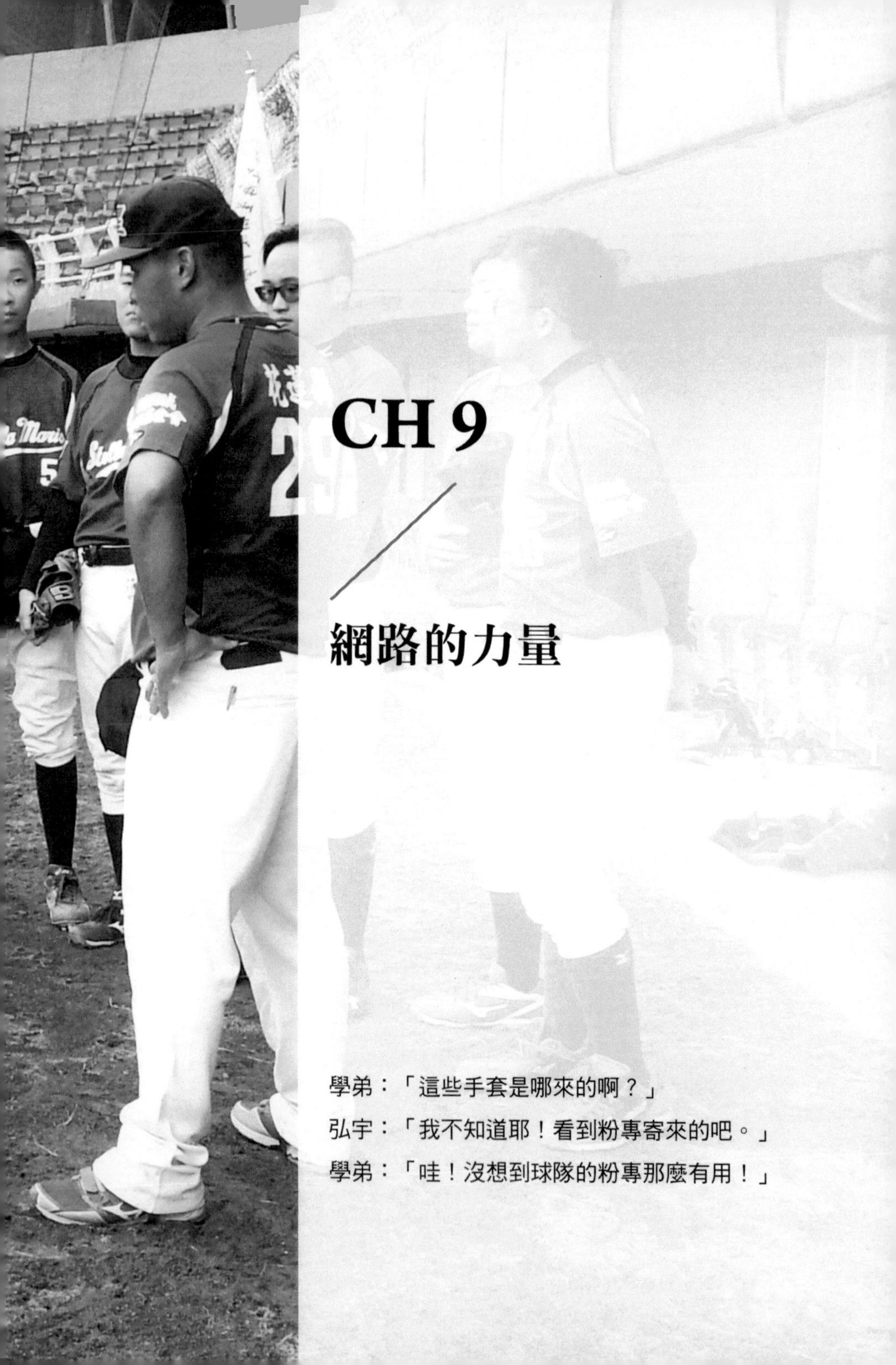

CH 9

網路的力量

學弟：「這些手套是哪來的啊？」

弘宇：「我不知道耶！看到粉專寄來的吧。」

學弟：「哇！沒想到球隊的粉專那麼有用！」

8
11

臉書許願池

自從國小開始接觸知名的社群平台臉書後，我就被臉書無遠弗屆的傳播能力深深吸引，開始利用這個特點，來關注自己喜歡的職棒球隊及球員。

成立球隊、開始對外募款後，讓更多人認識我們球隊的故事，一直都是我的目標。這時，我腦中出現一個想法：

為什麼不運用臉書的這個特點，來讓更多人認識我們球隊，並且想辦法成為他們關注的對象呢？

一開始，沒有任何社群行銷經驗的我，雖然知道臉書是一項強大的傳播工具，但是對於要如何運用，卻沒有任何想法。

因此我犯了一個和打「詐騙電話」一樣的錯誤，開始一個名為「臉書許願池」的計畫！

這個名為「臉書許願池」的計畫，顧名思義就是我要把臉書這個社群平台，當成一座大許願池，以發文的方式進行許願，希望能夠在這個使用者眾多的平台中，找到我們球隊的聖誕老公公，達成我在許願池中所許下的願望。

不過，事情似乎永遠都沒有「憨人」我想的那麼簡單。即使臉書使用者眾多，但是我這個既不是他們臉書上好友，更絕對不是什麼知名人物的國中生，在自己臉書上發出的許願文，除了我的朋友外，能看到的人簡直屈指可數，自然不可能替我找到會帶著禮物出現的聖誕老公了！

在發現臉書這個許願池並不靈驗後，我開始思考要如何才能改變這個狀況，因為即使每次許願都失敗，但是我仍然認為臉書這個社群平台，對於球隊未來的行銷宣傳，將會是一項充滿潛力的工具，因此我並不打算輕易放棄這項工具。

無遠弗屆的網路力量

於是，為了要擴大我的許願池範圍，讓更多人認識我們球隊，進而願意支持我們的夢想。我決定在臉書上成立一個球隊粉絲專頁，並持續更新球隊各項練球的動態、球隊欠缺的資源等等消息，不但能讓球隊資訊永遠記錄在粉絲專頁上，供大家瀏覽，而且也能透過網路無遠弗屆的傳播能力，即時的傳送到每個關心我們的人手中。

一開始經營粉絲專頁時，因為沒有辦法有效觸及到會對球隊有興趣的人，所以成效並不好。不過，就在我持續更新球隊動態，並將球隊動態分享到一些花蓮在地與棒球相關的社團後，努力終於有了收穫。逐漸有一些從來不認識的人，會主動在粉絲專頁上替我們加油，或是協助分享各種消息。也因為如此，有一位雖然還有其他工作在身，但對棒球很有熱情的胡俊傑教練，因為在網路上得知我們球隊的資訊，主動展開聯絡，表達願意在工作之餘，義務加入教練團隊，協助球隊的訓練工作，讓訓練變得更加精實。

網路無遠弗屆的傳播能力，甚至讓我們的故事遠播到國外，尋找到聖誕老公公。

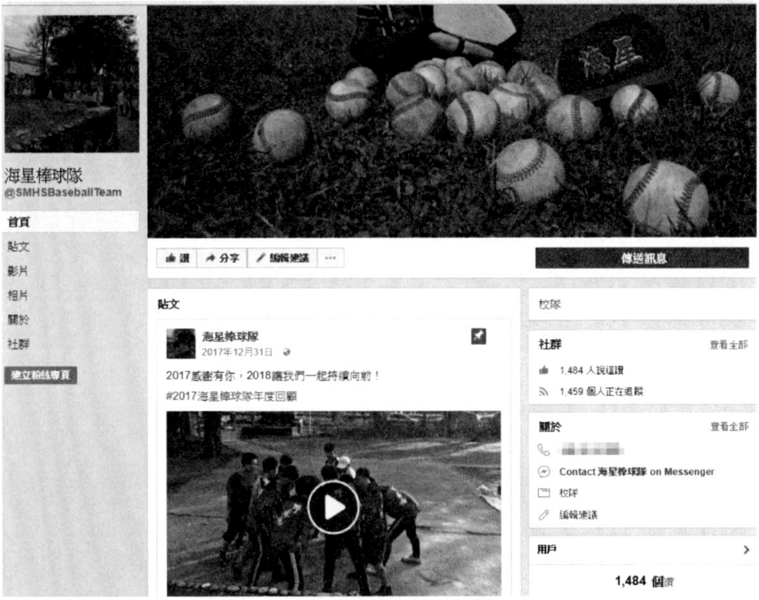

球隊粉絲專頁。

有一位在日本經商的森山美樹女士，因為現任花蓮市市長魏嘉賢先生的熱心分享，得知球隊正在募集資源的訊息，先是熱心贊助一批球具，隨後再度透過經商所累績的豐富人脈資源，替我們爭取到練習及比賽服等資源，並且持續與我們保持聯絡、關心球隊的現狀。

經營粉絲專頁替球隊帶來的幫助，隨著時間的累積不斷增加，效益也越來越大。尤其，當球隊在爭取安麗希望工場慈善基金會的圓夢基金時，球隊的粉絲專頁，更是最終得以獲獎的一大功臣。

因為進入第二階段的隊伍需要進行網路投票，各個隊伍都使出渾身解數，希望能夠爭取到支持，而球隊的粉絲專頁長期以來所累積的粉絲基礎，便發揮了很大的成效。在投票開始之際，球隊於粉絲專頁上的號召，成功吸引到許多人以投票和分享的行動支持，使我們能夠在社群效應的持續擴大下，爭取到足夠的票數，補足我們因為位於花蓮這樣資訊相對落後地區所造成的差距。

獲得安麗希望工場慈善基金會的圓夢基金後，球隊所累積的人氣又再次成長，伴隨成長而來的幫助，便是開始有更多人關注球隊，而這樣的關注，也讓我們有更多被媒體採訪的機會，使我們的故事能夠從社群平台這類新興媒體，轉換到電視、報紙這類傳統媒體，獲得其他不同族群的關注。或許是因為管道不同，贊助也變得更加多元，除了球具贊助之外，甚至還包含了專業設計師義務協助設計球隊LOGO和球衣。

善用網路，讓夢想被看見

網路在二十一世紀，幾乎已經是一項隨手可得的資源。只要持續在網路上分享，我們的夢想絕對有機會被看見，甚至一炮而紅。

當然，一炮而紅的情況並不常見。所以我認為實際一點的作法，還是一步一步地耕耘自己的夢想，並且將耕耘的過程，透過網路傳播出去，不論是要藉此吸引更多與你志同道合的人加入你的行列，與你共同追逐夢想；或是利用網路的力量，去讓你夢想中的貴人，看見你的夢想，進而願意協助你，都會是很好的方法。

不論你讓大家知道你夢想的方法，是和我一樣成立臉書粉絲專頁，或是更加專業的架設一個網站，最重要的一件事，就是要持續的進行更新，讓大家能隨時知道你追逐夢想的過程。尤其，如果你曾經獲得其他人的幫助，那麼你更應該要定期的讓他們知道最新動態，千萬不能讓他們以為你是個詐騙集團，在獲得他們的幫助後，就再也杳無音訊。

相信只要持續的透過網路，與大家分享夢想的點點滴滴，讓大家藉此感受著參與你夢想的心路歷程，那麼你的夢想將會被更多人看見，讓夢想一步步地獲得實踐。

CH 10

跳脫框架，新的募資方式

老師：「游弘宇今天跑去哪了？」

同學：「他在圖書館寫計畫書向企業募款！」

老師：「叫他別鬧了，回來上課！」

花蓮
6

我的球隊想像

時間飛逝，隨著球隊成立之初的挑戰一個個解決，轉眼間球隊也已經成立將近一年的時間了。

不論是球隊成員或基本的球具器材都已經逐漸穩定，也已多次參加過縣內的大小賽事，成績雖還不盡理想，但至少有了一支球隊基本的樣子，運作起來雖然辛苦，但也還算順利。

隨著球隊逐漸的成長，暑假過後就要升上國三的我，又開始不切實際的幻想起心目中一支棒球隊該有的模樣。在我的想像中——我覺得球隊應該要有更完整的裝備，以及一座專屬的棒球牛棚[4]。

當然，要讓球隊擁有這樣的設備與環境，絕非靠著我的幻想就能達成，必須要有更多的資源與經費，所以我必須跳脫原有的框架，找尋新的募款方式。

4 具有防護網的小型棒球訓練場。

群眾募資平台

於是，我便開始思考除了原先的電話募款、臉書許願、粉絲專頁外，是否還有其他方式能夠替球隊爭取資源。恰巧，當時學校邀請了畢業的詹上逸學長回到學校分享他正在進行的「赤腳徒步環島募鞋計畫——Lighting the life」，這個計畫的經費來源是一個叫做—Flying V的群眾募資平台，透過這個平台他募集到約三十萬元的經費。一聽到這個數字，我的眼睛立刻亮了起來，因為這樣的募款方式與經費規模，都是我過去從來沒有想過的！

一直渴望替球隊爭取到更多經費的我，知道後馬上展開行動，立刻著手寫計畫在募資平台上募資。然而，一個沒有任何人指導的國二生撰寫的第一個計畫，自然鬧出許多笑話。雖然，我自認計畫內容及架構都還算完整，但在實際執行層面，不論是執行方式或經費使用都充滿許多問題，偏偏我所投稿的Flying V，又是公開的網路募資平台，上面所刊載的計畫內容都必須十分小心，以避免意外引起爭議，因此就在我編輯完計畫的隔天，就接到Flying V工作人員打來的電話。

電話中，他們可能因為不曾見過國中生的提案，因此先確認我的身分是否真的是國中生，然後就開始熱心地針對執行方式、經費使用等問題與我進行討論，給我許多寶貴的建議來修正計畫，經過這些專業人士的協助，這個計畫終於變得更加完整，並且有了一個能夠被放上募資平台的機會。

然而，就在計畫刊登之前，我難得決定打退堂鼓，臨時向Flying V取消這個計畫。因為隨著持續與工作人員的聯絡，以及對這個募資平台成功案例的深入了解，我逐漸了解到，要是我對於這個計畫沒有足夠的把握，能夠達到自己所訂定的募資目標三十萬元，那麼我們球隊將一毛錢也無法拿到，這些款項將會全數退回給贊助者。所以在對自己的信心不足，認為沒有把握能在規定的時間之內完成募資目標，最終只會白忙一場的情況之下，我最後決定要放棄計畫，改把時間與心力拿來充實自己，累積能量，等到有足夠把握時，再來挑戰Flying V這個募資平台，或是其他的募資平台、募款計畫！

當機會來敲門

二〇一四年七月二十一日，我赫然在網路上看到富邦文教基金會所舉辦的青少年圓夢計畫相關訊息，這項計畫限定年齡在十四到二十歲的青少年才能參加，比賽的獎金則是和我當初要在Flying V所提出的計畫募資金額一樣，高達三十萬元！這項有年齡限定、獎金優渥的比賽，完全吸引我的目光，讓我立刻決定要參加爭取競賽，並立刻開始準備。

不過，好險自己當下就決定參賽，因為稍有猶豫就來不及了！就在我準備報名，詳細了解相關資料後，立刻發現非常恐怖的消息，比賽收件截止日：二〇一四年七月二十一日，也就是我發現比賽的當天。

剩下不到二十四小時的時間，要我這個國二生獨力完成一份計畫書參賽，根本就是不可能的挑戰！但是考量圓夢獎金能替球隊帶來的美好未來，我決定接受挑戰，奮力一搏！

因為衝動，我接下不到二十四小時完成一份計畫書的挑戰，就像過去一樣，所有的問題並不會隨著衝動就解決，衝動產生問題，行動解決問題！

我原先以為有在Flying V完成的募資計畫做基礎，應該不會有太大的困難，但當我點開青少年圓夢計畫的網站，看到撰寫的格式與範例後，便發現到事情又再一次沒有「憨人」我所想的那麼簡單了！藉由基金會提供的格式與範例，我第一次得知原來一份完整的計畫書，是由計畫名稱、動機、內容、執行方式、預期效益、經費使用等眾多複雜的欄位組成。

好險在便利的網路協助下，我很快就發現到這些看似複雜的欄位，其實沒有想像中困難，我唯一需要做的，就是把有關球隊的故事、需要的資源、未來的規劃等內容一一填進欄位。由於球隊成立過程我都參與當中，因此對球隊的故事、經費、規劃十分了解，對基層棒球的生態和發展，我也有許多心得能夠放進計畫書中。但一份計畫書最重要的，是要提出與眾不同的獨特想法及具體的執行方式，因此我除了放入自己的想法外，也很幸運的能夠與一位長期關注東部體育發展，並有著行銷企劃相關經驗的熱血大哥——胡文偉先生討論，擬定了：

即使我們無法成為下一個王建民、陳偉殷，但是如果我們能夠因為曾經接觸棒球，在未來成為支持下一個王建民、陳偉殷的重要贊助者、甚至是父母，那麼台灣的棒球將會變得更不一樣。

這樣的計畫主軸訴求，希望讓大家知道，雖然我們只是一群喜歡棒球的國中生，沒有很強的實力，但是如果透過支持我們的夢想，能夠讓這社會多出一群人接觸棒球、喜歡棒球，那麼就是對於棒球發展的最大支持。

整份計畫書的撰寫、修改持續到晚上十一點，這項比賽除了要在網路上上傳檔案之外，還需要以郵件方式繳交實體計畫書，然而晚上十一點所有郵局都關門了，根本沒有地方能夠讓我寄件，若是沒有當日的郵戳證明，我就將失去參賽資格，這讓我一度緊張的認為自己無法參賽，而且還浪費一天的時間去寫計畫。好險萬能且便利的超商在這時發揮了功能，二十四小時營業與收件服務，讓我得以趕在當天晚上的十一點五十九分壓線將計畫書寄出。

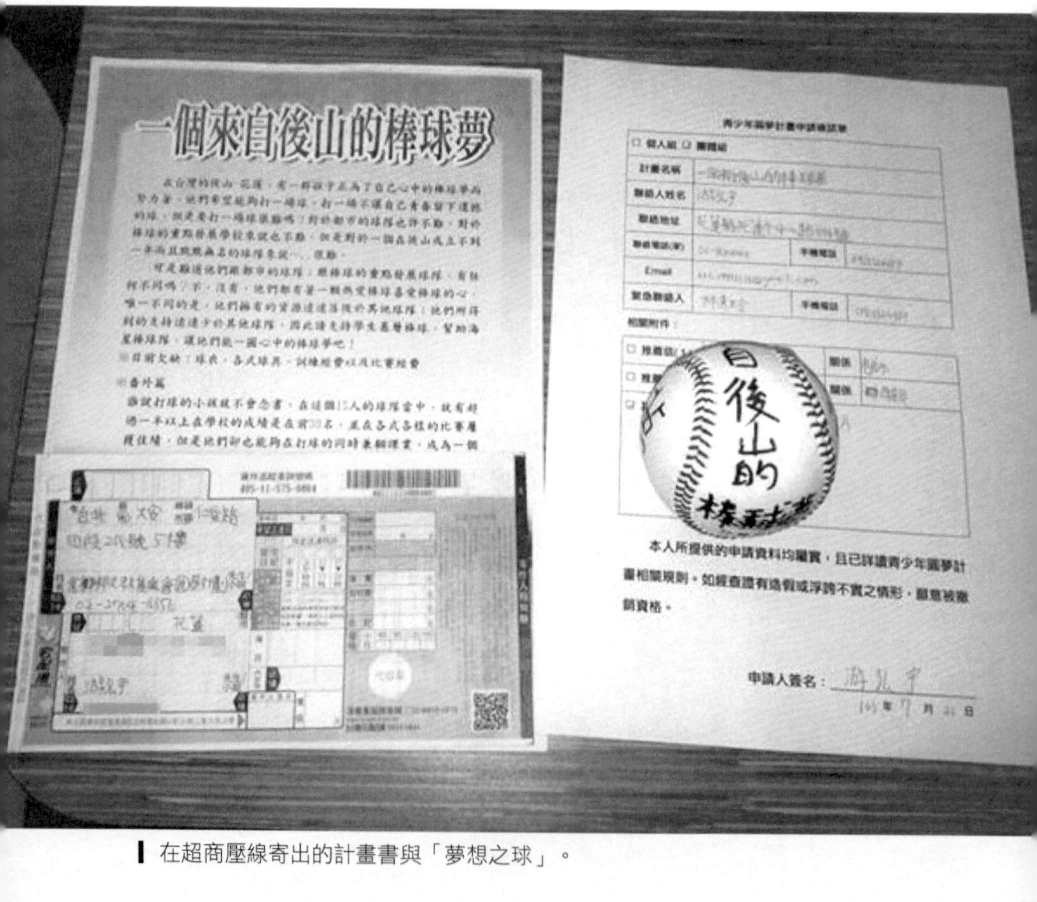

▍在超商壓線寄出的計畫書與「夢想之球」。

因為在報名的最後一天才交件，等待結果公布的時間也相對快速，不到兩周的時間，我就收到圓夢計畫通過初審的通知，收到通知當下，我實在興奮到無法言喻。對於沒有參加過任何圓夢計畫的我而言，二十四小時內完成的計畫就能通過初審進入決選，實在是相當振奮人心的事。更重要的是，這大大提升了我對於能順利取得圓夢基金的信心。

不過即使我充滿信心，進入決選後續的準備過程，卻又是一段向不可能挑戰的故事。

要更好，就要跳脫框架

因為想讓球隊有更好的資源，我決定再次進行募款，卻發現原有募款方式所能募到的資源已達極限，於是我選擇了再次尋找新的募款方式。

我能在國中階段就得知可以透過寫計畫的方式來募集資源，全都是因為聽到詹上逸學長的分享，而這種因接觸不同事物獲取新知，並且運用新知突破現狀的模式，我認為正是許多人在講的「跳脫框架」。

我們幾乎都聽過「有錢人的想法就是和一般人不一樣」這類的話，究竟這兩者間的想法是否真的存在著差異，因為我還沒有當過有錢人，所以我也不太清楚。不過我非常相信，這兩者間一定存在著因「視野」不同而存在的「思維」差異。

既然知道視野不同造成的差異，將有可能影響自己是否能夠成功，那又為何不想辦法去提升與擴大自己的視野呢？

生活在二十一世紀的我們，增加視野的辦法實在相當多，不論是看一本課外書、聽一場喜歡的演講，甚至最簡單的上網Google，都是相當不錯的做法。當我們藉由這些方式提升視野、看見不同的世界後，我們就更有可能找出更多讓夢想實現的方式。就像我藉由聽演講得知可以透過寫計畫募資後，讓自己離夢想更近了一步。

當我們提升視野，接觸新世界、獲取新知識，找到能替自己完成夢想的新方式後，請千萬記得，即使這些新方式是你我都不曾接觸過的，但是仍然要保持著開始追逐夢想時的勇氣——「勇敢嘗試，大步向前」。不要害怕挫折，即使面臨瓶頸也千萬不要放棄，或許當你停下腳步、稍作休息、充實自我後，這些問題就能迎刃而解，而一個問題解決後，你也就能離夢想更近一步了。

最後，當你離夢想更近一步後，請記得仍然要持續的提升自己的視野；持續的學習新知；持續的勇敢嘗試；持續的永不放棄；持續的在這個追逐夢想的循環中，朝著夢想大步向前！

CH 11

第一次正式的上台簡報

弘宇：「下禮拜要決賽面試，好緊張喔！」

同學：「怎麼可能，你不是最愛講話了！」

弘宇：「可是我不喜歡對不認識的人講話啊！」

入圍，是艱難挑戰的開始

得知計畫通過初審後，我的心情可說是相當複雜。因為一則以喜一則以憂，喜的是有更大的機會得到圓夢基金；憂的是進入決賽後，即將面對更艱難的挑戰！

我心中的艱難挑戰，其實正是圓夢計畫在決賽時，將會採取的評分方式——我最懼怕且排斥的上台報告！

從小，我就不喜歡在陌生人面前表現自我，總是刻意迴避團康、演出、上台這類活動，然而偏偏這次圓夢計畫的決賽報告，需要的正是站在台上說服一群陌生的評審們支持自己提出的圓夢計畫！

雖然要在一群陌生人面前上台報告、展現自我，是一件讓我非常排斥且恐懼的事，但是在第一次撰寫計畫就通過初審的信心加持，以及想要替球隊爭取圓夢基金的強烈渴望下，我還是懷著忐忑不安的心情，著手準備決賽面試的簡報。

準備決賽簡報，又一次沒經驗，又一次靠自己從頭學起，不論是簡報的流程設計、圖文編排、口條訓練，對我來說都是一個個新挑戰，而這些挑戰，也跟寫計畫書一樣，得靠我一個人獨自去面對、解決。

好險，主辦單位貼心為所有參賽者安排了一場圓夢計畫工作坊，在兩天一夜的工作坊中，基金會安排了多位專精於各領域的專家指導大家該如何一步步的追逐夢想，也安排上一屆圓夢計畫獲獎的學長姐們分享他們的追夢成果，經過這些精心規劃的活動，我終於對面試時要採取的策略，有了更多不一樣的想法。

在這次工作坊中，讓我收獲良多的是一位在廣告公司任職的講師教的「如何運用故事打動人心」，原先困擾我許久的難題：「如何使評審對於我們球隊的計畫印象深刻？」在這裡得到解答——我要用故事感動評審！

工作坊一結束，我便決定將原先的簡報全部刪除，重新製作一份根據球隊一路走來，發生的各種故事為主軸的簡報，然後不斷練習。

隨著練習次數增加，我逐漸掌握報告的節奏，只是我卻發現——如果整場報告只有我一個人不斷自賣自誇，似乎沒有什麼說服力，於是為了增加報告說服力，我決定再度麻煩一直以來都很支持球隊的校長，請他以校長身分幫我錄製一段影片，在決賽現場播放，證明我們的故事是真的！

只是在找校長前一刻，我想起一件非常嚴重的事——我一直沒有向校長報告我們參加圓夢計畫的事，但只要我們通過計畫，就會需要用學校的空地來建造一座牛棚。恐怖的是，一旦學校不同意，或是空地已另有規劃，那我這個計畫提案人，若通過圓夢計畫、領取到圓夢基金，就會立刻背上詐欺的罪名，因為我將面臨到一個非常尷尬的局面：有經費，卻沒有場地能執行計畫，完成牛棚建造。好險，校長在聽完說明後，不但願意幫助我們錄影、也同意在下一次主管會議與其他主管討論計畫通過後能提供的空地。

永遠準備不好的決賽簡報

決賽前一周，球隊正好開始暑訓，我每天白天練球、晚上練簡報。第一次接觸這種大型比賽，心情一直處於緊繃狀態，總是莫名其妙的擔心各種大大小小的事情，尤其是深怕報告時發生失誤，使計畫無法吸引評審的青睞，害球隊無法拿到三十萬元圓夢基金。

決賽的前一天，接受完隊友對我的祝福與鼓勵後，我就提早從花蓮前往台北準備隔天的報告。一上火車就一路在座位上不斷看著手機的簡報檔案碎念，希望藉著練習減輕焦慮，然而隨著時間越來越接近，有上台恐懼症的我，緊張與不安的情緒卻有增無減的越來越高漲。

每一次練習過程中，吃螺絲、忘詞、超過規定時間等等的情形層出不窮，在這樣時間的壓力與練習的挫折感不斷轟炸之下，一向自認樂觀的我，居然也開始因為腦中不斷浮現在台上出糗的模樣，垂頭喪氣地認為明天的報告一定會是一場災難！最後，決定乾脆放棄繼續練習簡報，直接上床睡覺，不負責任的把一切的問題丟給明天的自己，讓自己醒來後再好好想辦法解決！

面對挑戰，沒有想像中困難

一個晚上過去，當我被鬧鐘驚醒時，赫然發現距離決賽的報到時間已經所剩不多，我根本沒有機會再次練習，所以在穿上特地從花蓮帶到台北準備要在報告時穿來吸引評審目光的球衣後，我就直接前往決賽的會場報到。

完成報到後，我看到各個隊伍都有說有笑的準備著報告，或許因為大家都在為了各自的夢想奮鬥，現場瀰漫著一股熱血的氣氛，這樣的場景讓我想起那群還在花蓮火辣的太陽下集訓的隊友們，再次提醒自己參加這次圓夢計畫的動機：替球隊爭取經費，讓大家都能有更好的環境練習。

雖說一覺過後，我已不再質疑自己是否能完成簡報，但是我依舊感到緊張，繼續打開手機把握最後的機會練習。當我還在喃喃自語時，工作人員神不知鬼不覺的走到我面前，提醒我準備上台，我就好像要被押上刑場的犯人一樣十分害怕，但為了表現出我早已準備充分，我還是故意表現出一副信心滿滿、蓄勢待發的樣子，以故作輕鬆的微笑收起手機，拿起地上的包包，走進電梯前往報告舞台所在的樓層，準備面對我人生中第一次正式的上台報告。

出乎意料順利的現場報告。

當我從工作人員手上接過麥克風與簡報筆，直接走上會場舞台，面對富邦文教基金會執行董事陳藹玲女士、知名作家小野先生、偉太廣告董事長周筱俐女士等重量級的評審們脫帽鞠躬後，就開始了我的報告。或許因為腎上腺素的幫助，雖然我完全感受到自己高度緊張的情緒，但出乎意料的，竟然以練習不曾有過的順暢節奏，在時間內完整的分享球隊故事及提案計畫，並獲得評審們的熱烈掌聲。接下來，原先令我非常擔心的評審提問，評審們也只是詢問了幾個簡單的問題後，便開始與我閒聊，聊起一些像是我們校長的個性、我的家庭等等計畫之外的事情。

完成報告後，原先認為在台上對陌生人講話是一件不可能任務的我，終於如釋重負，因為順利完成簡報後評審們的熱烈掌聲，以及後來與評審們的良好互動，讓我對於自己的表現感到滿意，也發現站上台對陌生人講話，並沒有想像中的困難。

對於夢想的證明

最終成績需要等待兩周才會公布，這兩週的等待，對於我來說又是另一段心理上的煎熬。

報告結束時，由於還沉浸在順利完成人生第一場正式報告的喜悅當中，對自己能夠替球隊拿下三十萬元圓夢基金是充滿著信心的。但隨著時間過去，喜悅逐漸被沖淡，再次回想起報告的過程，還是發現到報告時的一些失誤，不禁開始擔心起究竟能否順利獲獎？而且，我母親擔心我對自己能夠得獎的期望過高，最後沒得獎會太難過，所以每天對我洗腦打預防針，說我的表現其實很差，一切都只是我的自我感覺良好，不可能會得獎等等落敗的「心理建設」，讓我越到結果公布的日期，越開始懷疑自己究竟能否得獎。

不論對自己能否得獎是懷疑還是有信心，公布得獎名單的日子終究還是會到來。公布日是上學日，不管我內心有多麼緊張、急切的想知道結果，我還是得到學校上課。因此我只好每節下課都拿著零錢到校內的公共電話報到撥電話到基金會詢問。可是，直到放學的下午五點半結果都還沒有出來，那時我也認為基金會的工作人員應該都已經下班了，所以雖然很想儘快知道結果，但還是決定等到明天一早再進行確認。當天晚上八點鐘，我剛從補習班下課，看手機有一通未接來電，號碼正是我因為打了一整天早已熟記的基金會號碼，當下我內心的小劇場便立刻開始上演，不過這次的劇情是正面的，因為之前基金會說結果公布當天會以電話先行通知得獎隊伍，所以這肯定是好消息。當我在幻想著要用什麼口吻向隊員、學校以及一直幫我做「心理建設」的母親通知好消息時，基金會再次的來電讓我停止幻想，接起電話：「你好，請問是游弘宇同學嗎？這裡是富邦文教基金會，在這邊要恭喜你向基金會提出的計畫〈一個來自後山的棒球夢〉順利通過審查，獲得三十萬元圓夢基金的全額補助……後續的事宜，這幾天我們會再和你繼續聯絡。」

掛掉電話，確認我真的獲獎後，因為在補習班門口，我沒有辦法興奮的大聲尖叫慶祝，只能再度上演內心小劇場，用來抒發內心的激動情緒。

回想棒球隊一路走來，不看好的人一直比看好的多，面對冷嘲熱諷幾乎是家常便飯，參加圓夢計畫後，被嘲笑從來沒有贏過比賽的「爛球隊」，居然不切實際的幻想爭取圓夢基金。

而如今圓夢基金爭取到了，雖然我們還是沒有贏過球，一樣是一些人眼中的「爛球隊」，但至少我知道除了這些人外，在台灣這個社會中還是存在著許多人看好我們的夢想，願意提供資源幫助我們實現夢想。

獲獎對我而言，證明自己這一年來成立球隊的決定是正確的；更證明自己能夠完成想做的事、能夠克服心理障礙、完成別人眼中不可能完成的事情。這樣的經驗，大大提升我的信心，有勇氣再度為了追逐夢想，挑戰不可能！

夢想的阿姆斯壯

第一位登陸月球的美國太空人阿姆斯壯在登陸月球時，說了一句廣傳於世的名言：「我的一小步，是人類的一大步」。

追逐夢想好比人類登陸月球，必定充滿艱辛與挫折，每個重大關鍵都面臨著是否願意跨出未知且極可能失敗的第一步。

從製造火箭；發射火箭；到登陸月球。

從提出計畫；入圍計畫；到順利通過。

一個國中生，從不會寫計畫到通過圓夢計畫的初選；從害怕上台、不敢對陌生人說話，到順利完成報告，獲得評審青睞，替球隊爭取到圓夢獎金。這一路上都是在不斷地迎向未知、面對恐懼，靠著不斷的探索，來完成不可能的任務。

跨出挑戰夢想的第一步，一定比人類登陸月球的每一步都簡單；對失敗可能面臨的恐懼，與阿姆斯壯迎向未知宇宙的風險相比，絕對容易許多。所以，請勇敢地面對挑戰、迎向未知的第一步吧！只要願意勇敢地跨出去，你會發現一切都沒有想像的那麼困難！

CH 12

再戰追夢計畫

弘宇：「球隊經費不夠，我要參加安麗追夢計畫！」

媽媽：「那個比賽是大人參加的，小孩別鬧了！」

弘宇：「這樣評審就會注意我這個小孩！」

球隊資金永遠不夠用

富邦文教基金會的三十萬元圓夢基金，大致用於購買球具、建造牛棚以及到外地比賽這三大用途，當中最困難的是——建造牛棚。只是國中生的我根本不知道建造牛棚會需要多少錢，只憑「感覺」猜測，最後廠商的實際報價，竟高達預算的兩倍！一個問題的解決，往往帶來另一個問題的開始，因此我開始有了繼續替球隊募款的念頭。

然而，真正促使我決定繼續替球隊募款的關鍵，其實是當時指導我們的楊慶嘉教練的一席話：「弘宇，恭喜你們因為努力被人看見，順利獲得基金會幫助得到圓夢基金，不過這些經費你們還是先用在球隊的器材上吧！」教練的這番話，讓我想起球隊已經有近半年的時間沒有給教練「正常」的教練費了，我甚至已經把教練對我們的付出視為理所當然，完全忘記這位對棒球充滿熱情，又曾指導出如在二〇一七世界棒球經典賽大放異彩的江少慶選手等許多知名球員的「師公級」資深教練，其實也是一位需要養家活口的正常人，跟大家一樣都需要有薪水才能生活。

義務指導球隊的「師公級」教練──楊慶嘉。

越級打怪，挑戰不可能

建造牛棚的經費不足，加上發現虧欠教練已久，為了儘快給教練正常的教練費，讓我決定繼續募款，而圓夢計畫的經驗，讓我發覺透過寫計畫募款，正是我們這個有許多獨特故事球隊的最佳募款方式。於是，經過一番尋找，安麗希望工場慈善基金會獎金高達一五〇萬元的比賽：「二〇一四，小夢想．大志氣」追夢計畫便出現在我的眼前。

然而，一個獎金高達一五〇萬元的比賽，難度自然高出許多，每年有將近一百支由學校或社福團體組成的團隊參加；更重要的是負責操刀參賽的都是充滿歷練與專業知識的社會人士。所以當大家聽到我這個國中生要「越級打怪」，挑戰都是大人的比賽後，開始極力勸阻我認清現實，別因為一次的運氣好，就自不量力的把時間浪費在這些異想天開、不務正業、又不可能達成的事情上。除了對於我這個國中生能力的質疑外，還有一些質疑的聲音是來自其他球隊的教練，在他們眼中一個從沒贏過球的球隊能獲得三十萬元贊助，就已經很不可思議了，現在聽到我還要參加獎金一五〇萬元的比賽，紛紛讓他們覺得我實在很不知足。但是，打從成立球隊以來，所有資源都是靠著主動爭取而來的我卻認為：「資源本來就是要靠自己爭取；我不偷、不搶、不騙的靠著球隊的故事爭取資源，並沒有任何不妥。」

總之，質疑的聲音並不能阻止我前進，對我唯一的影響，只是更增強我藉由參加比賽，證明自己的能力，並再次替球隊爭取資源、添購裝備、建造牛棚以及支付教練「正常」教練費的決心。

誰說會念書的孩子不能打棒球

其實，我絕不是自不量力！我非常明白即使有富邦青少年圓夢計畫的得獎經驗，但是要參加無論是獎金、隊伍數、參賽平均年齡乃至於整體的難易度，都比原先富邦青少年圓夢計畫高出好幾倍的「二〇一四，小夢想．大志氣」追夢計畫，光是要通過初審，就絕對會是一個非常巨大的挑戰。不過，我並不是面對挑戰會輕易放棄的人！

由於參加安麗這項比賽，是在九月中執行富邦計畫時發現經費不足，才臨時決定參加，繳件截止時間只剩下不到一週。這次參賽，終於不再是毫無經驗，加上長期關心花東地區體育發展，並多次幫助我的熱血大哥胡文偉，正是上一屆安麗追夢計畫的得主，所以在有胡大哥這位「學長」能請教的情況下，讓我這次的計畫撰寫起來，比起第一次的不知所措順利許多。

因為二〇一三年胡文偉大哥協助花蓮縣三民國中棒球隊獲獎，可想而知會有許多來自全國各地、戰績優良的棒球隊慕名參加，那麼我們這個連一場球都沒有贏過的球隊根本不是對手。於是，為了做出區隔，充分利用我們球隊的特色與優勢，我便按照球隊當時隊員組成的特色「包含我在內，有將近三分之一的人都是學校資優班學生」作為主軸，強調會念書的孩子也可以打棒球，期待打破評審們對於「只有成績不好的學生才會打棒球」的刻板印象，擬定標題為〈一個來自後山的棒球夢——誰說會念書的小孩不能夠打棒球〉的計畫參賽；再一次在距離截止時間剩下不到一小時前，在深夜的便利商店，蓋上當日的郵戳，最後一刻壓線寄出。

脫穎而出，通過初審

這次的追夢計畫參加隊伍眾多，從交件到初審結果公布有一個月的時間要等待。不意外的是——母親依舊每天貼心的幫我進行所謂的「心理建設」，告訴我就憑我這個小屁孩所寫的計畫書，是不可能贏過其他大人進入決賽的，因為有了上次的經驗，我只有在心中默默地感謝母親基於對我的關心替我做的心理建設，我不再恐懼徬徨的質疑自己，決定靜靜等候真正的結果出爐！

隨著時間一天天過去，身為學生的我，又到了需要準備段考的時候，因為每一次只有在段考前，我才願意臨時抱佛腳打開學校課本，所以在將全部的心力都放在段考上時，我居然就不知不覺忘記了還在等待著基金會公布初選結果這件事。直到段考結束的那天，我才因為一通電話，再次想起這件事。段考結束的那天放學，我一如往常的走在回家的路上，口袋裡的手機突然響起，因為自從成立球隊後，我不時會接到陌生贊助者的電話，所以當我看到陌生的電話號碼，便立刻懷著期待的口吻迅速接起電話，當對方表明他是安麗希望工場慈善基金會專員的身分後，我立刻想起了一件似乎暫時被我的大腦所遺忘的事情：「我正在等待一個由安麗希望工場慈善基金會所舉辦，名字叫做『二〇一四，小夢想．大志氣』追夢計畫的比賽初審結果！」

根據富邦青少年圓夢計畫的經驗，在初審結果公布時接到主辦單位的電話，就代表順利通過初審，果然毫不意外的那位專員的下一句話就是：「恭喜你所提出的計畫，〈一個來自後山的棒球夢——誰說會念書的小孩不能夠打棒球〉順利通過我們的初審，在今年一共九十九支的隊伍中獲得評審青睞，順利入圍決賽，後續決賽面試以及網路投票的相關評選事宜，我們也將在近期與你進行聯絡。」

得知自己從全國將近一百個隊伍中脫穎而出，要說沒有感到開心興奮，絕對是騙人的，為了慶祝這份喜悅，我在結束與基金會專員的電話後，便一路像個瘋子一樣傻笑著走回家中，透過我的大笑聲與街坊鄰居們分享我心中的喜悅。

只是我明白，接下來，就和進入富邦青少年圓夢計畫決賽時一樣，在通過初審喜悅的背後，迎接我的將會是一連串更加困難的挑戰！

相信自己絕對可以做得到

一個夢想的達成，需要的是許多成功經驗的不斷累積，但光要取得一個成功經驗，就需要付出許多的努力與代價。可惜的是，很多人經常在一次成功經驗來臨後，就沉浸在喜悅之中，停下腳步自滿的以為：「這樣就已經很棒了！」但是我認為更重要的是：「不要安於現狀，好還要更好！」

在決定參加安麗希望工場慈善基金會的追夢計畫之前，我們球隊才剛從富邦的青少年圓夢計畫中獲得三十萬元圓夢基金，這樣的榮耀以及金額，對於我這個國中學生以及經費資源匱乏的球隊而言，其實就已經是一個很大的成功與突破了；然而當我發現到如果要能夠建造牛棚以及支付給教練「正常」的教練費，那麼即使擁有三十萬元的圓夢基金仍然不夠，所以在開心過後我們並沒有停歇，反而決定繼續挑戰獎金與競爭難度都是原先富邦青少年圓夢計畫好幾倍的「二〇一四，小夢想．大志氣」追夢計畫。

在決定要參加比賽後，一面要用所剩不多的時間完成計畫書的撰寫，一面還要忍受一群因為自己做不到，就認為我這個小孩也做不到的質疑者，嘲笑我的不切實際與異想天開。但是即使如此，在經過了一番努力後，我再一次從不被看好，到跌破大家眼鏡的從將近一百個隊伍中脫穎而出進入決賽。做不到，往往是因為自己先「認為」做不到，如果秉持著「遭遇挑戰，努力克服；閒言閒語，不予理會」的精神繼續向前，為了完成夢想，不斷的追求卓越與成功，並在夢想完成前，永不停歇的持續向前，那相信你絕對可以「做的到！」

CH 13

因為堅持，所以逆轉

弘宇：「明天練球結束大家一起上街拉票吧！」

學弟：「有用嘛？我們都已經落後那麼久了！」

弘宇：「至少一定比試都沒試過好！」

13

迎接挑戰，追求完美

為了安排進入決賽後變得相當忙碌的行程，結束電話後，我便開始針對活動網站上的說明、電話中提到的事項，進行初步的整理與了解。首先，接下來幾天，會有一組專業的拍攝團隊來到花蓮替我們球隊拍攝一部要用於網路投票的宣傳影片；再來，還有一場面試在等著我。我知道將會是一場既有趣又充滿挑戰的硬仗，為了迎接這場硬仗，我必須要做足更多的準備！

影片正式拍攝當天，大家到學校換上正式球衣後，就出發前往平時練習的中原棒球場展開拍攝，拍攝團隊為了呈現球隊最真實的樣貌，過程中幾乎沒有要求我們刻意做出什麼動作來配合拍攝，他們唯一做的，就是從頭到尾默默的在一旁記錄球隊的訓練狀況。

除了拍攝球隊的訓練狀況，當中也有一些畫面是針對我個人以提案者的身分進行的訪問，由於那是我人生第一次面對攝影機，看到有人拿著像大砲一樣的東西對著我，要我回答他的提問，心中不免緊張了起來，表情變得很不自然，大腦更是一片空白無法回應拍攝團隊的提問，這導致我光是錄製一段長度不到一分鐘、剪輯後甚至不到十秒鐘的畫面，就花了超過一小時的時間拍攝，NG重拍的

一直默默在旁紀錄的拍攝團隊。

拍攝影片的 QR CODE。

次數多到要把拍攝團隊逼瘋，而且那時似乎連上天都在跟我作對，每當我好不容易沒有結巴、回答稍微通順時，就會遇上學校旁邊的空軍基地起降戰機，讓拍攝團隊在噪音太過大聲的情況下，只能選擇中斷原先的錄影，使我無法繼續完成那難得順暢的訪問。最後也因為拍攝團隊還有其他畫面需要在天色還亮著時拍攝，所以他們也只好先選擇一段比較沒有結巴的畫面使用，並且趕緊在天色還沒變暗前去拍攝其他畫面。

不過為了讓這部影片完美的呈現給所有不認識我們球隊的人，並且因為充分表達球隊的故事而吸引到他們的支持，我還是在拍攝團隊即將要離開學校時，主動詢問他們是否能夠重新拍攝訪談的片段，相當幸運的，極具耐心且能體諒我因為第一次面對攝影機而感到過度緊張的拍攝團隊，接受了我再次拍攝訪談的請求，給了我一個機會，重新拍攝一段雖然現在看起來仍然十分可笑，但卻已經比原先好上許多的影片。

是誰要上台報告

完成影片的拍攝後，決賽的面試也剩下沒多久的時間能夠準備。因為有了在富邦面試的成功經驗，我不再害怕上台，並且樂觀的以為這次面試準備起來一定會比之前順利許多！只是簡報還是要製作，上台還是要準備，而且當我在連絡面試細節的過程中，得知其他入圍團隊的機構負責人都會抵達現場後，不禁開始擔心：如果其他單位都有「大人」到場參加決賽，而我們球隊卻只有我一個小孩、一個國中生報告，那會不會顯得十分奇怪！再一次，我又跑去找我們校長求救，請他在繁忙的公務中抽空陪我參加這場面試，當然這次我也沒有事先告訴他我要參賽的事，充滿熱忱的校長在確定時間沒有衝突後，就答應陪伴我到現場參加面試，再一次，在我們球隊追逐夢想的路上幫助我們。

面試那天，校長不再像上次一樣只能以影片的方式出現，而是貨真價實的到達現場。所以當我在休息室準備報告時，我也不用再像上次一樣獨自一個人緊張兮兮地看著簡報默念，而是可以與校長輕鬆的聊天準備，並且在校長不斷的鼓勵下增加信心。

當我們進到面試會場時，十一位包含政府官員、立法委員、媒體記者、企業老闆等專精於各個領域的評審，就坐在位子上看著我與校長走進會場，等待著我們開始進行報告。有趣的是，當主持人看到當天穿著西裝的校長後，就合理的以為當天是校長要負責報告，把麥克風遞給了校長，而校長接到麥克風後，則像是傳接力棒一樣將麥克風遞給了我。

我接起麥克風，趁著台下評審都還於處於竟是由我這位穿著球衣，看起來應該是到會場作「花瓶」的學生報告的驚訝中，開始進行了我的報告。過程雖稱不上完美，但也還算順利。等我完成報告，才將麥克風如同評審們原先所預期的，再次遞給校長，請校長與評審們分享學校對於棒球隊一路成立至今的態度以及看法，校長當天講的內容現在我大多已經忘記，但是校長的最後一句話，我卻一直記得：「弘宇他們這群學生自主成立棒球隊的故事，令我非常感動，而且這對於學校來說也是一個從未有過的特殊經驗！」

這句話除了讓站在校長旁邊的我感到十分感動外，似乎也激起了台下評審們的共鳴，讓他們紛紛抬起了頭，彷彿在思考一位學生在他們面前從校長手中接過麥克風，站上台報告成立棒球隊追逐夢

▍西裝筆挺的孔校長與穿著球衣像是花瓶的我，在報告結束後合照。

想的過程，對於他們來說，是否也是一個不曾有過的經驗，他們的答案究竟為何？我並不清楚，只是，當我與校長在報告結束要離開面試會場時，我們獲得了所有評審們一致的熱烈掌聲。

馬拉松式的網路投票

安麗的追夢計畫除了現場的面試成績之外，還有一部分是占最終成績五〇%，且時間將近一個月的網路投票。為了能夠爭取到那些不認識的網友支持，所有入圍隊伍無不使出渾身解數來吸引大家。當然，面對長達一個月的網路投票，我也決定事先擬定宣傳的進度規劃，來讓自己可以按照設定的進度去做宣傳，不會因為票數的領先落後，沾沾自喜的鬆懈、或是自亂陣腳的選擇放棄。

我的宣傳計畫分三階段進行：第一階段是直接邀請自己的親朋好友協助分享，不過畢竟我既不是什麼交友廣闊的風雲人物，也並非出生身世顯赫的家族，所以這個方法只發揮了一點點效用，讓球隊在網路投票的初期成為領先族群，但不到一週的時間，僅有的親友資源用盡後，球隊的排名就一路下降、掉出原先的領先位置。

因為第一階段的宣傳計畫太快失效，所以我提前啟動第二階段。第二階段的宣傳，原先是打算透過臉書邀請相關領域的名人協助分享訊息，讓我們的夢想故事及追夢計畫，能透過網路傳播出去，讓不認識我們的人，把他們重要的一票投給我們！不過經過一番嘗試後，我發現除了原先有過聯絡的馬志翔導演有協助分享外，其他的名人們都不容易聯繫上，使我們的成績持續下滑。一個禮拜過去，我便決定立刻修正宣傳方式，把跟棒球相關的粉絲專頁都列為求援對象，短短幾天內，就聯絡了上百個粉絲專頁。

獲得這些粉絲專頁的熱情分享協助後，原先不斷下降的網路投票排名，終於開始止跌回升。

全隊上街頭拉票

為了讓網路投票名次更大幅邁進，順利回到領先族群，我決定用傳統但有效的方式——發傳單，啟動第三階段宣傳。由於時間不多，晚上利用國小電腦課學過的軟體——非常好色，設計一份外觀差強人意、內容簡單明瞭的傳單，到學校找老師協助印刷，因為校長的全力支持，加上多位老師動員協助印刷裁切，很快就製作出二千多份小傳單，交給棒球隊隊員，動員親友力量上網投票。第二天，球隊的網路票數開始上升。接下來，

印刷完成後滿滿的投票傳單。

在學校的支持下我更展開一系列校園催票行動，發動海星國小、國中、高中；同學、家長、校友幫忙投票。

藉由海星體系三校發送傳單的行動，一如預期讓球隊的票數再次上升，但我們距離目標的前五名還是有一段差距。倒數最後三天時為了讓成績逆轉順利拿到追夢基金，我們決定加入二〇一四年底正打得火熱的九合一選戰行列，與政治人物一同上街，向人來人往的路人拜票、尋求支持——開始我們球隊的「拜票行動」。全體隊員拿著自製的傳單，分組四散開來，攔下走在路上的民眾，跟他們介紹球隊的故事、說明我們的計畫、並請他們拿出手機上到比賽的網站投票。

我們上街的努力，也收到了代價，第一次上街的隔天，我們的名次產生了大幅的變化，從原先的第六名一口氣躍上第四名，睽違近三週後，終於在比賽剩下最後兩天時，再次回到領先族群。剩下兩天，我們不敢懈怠繼續上街拉票，小心守護領先名次。但是，最後兩天，其他追夢團體也都做了許多的努力，最終的網路投票成績，我們只能引憾掉下第六名。

練完球後上街拉票的隊友們。

意想不到的逆轉勝

網路投票第六名的名次，一度讓我們認為「輸了」，但是一切的擔心都在投票結束隔天的中午停止。那天中午下課，聽到學校廣播系統要棒球隊隊員到校長室集合。聽到廣播，我心中就猜想校長是要安慰我們，不然絕對不可能大費周章地請大家到校長室集合！

出乎意料的，當我們到齊後，校長滿臉笑容地向大家恭喜順利在最後一刻逆轉勝，這時大家也顧不得這裡是嚴肅的校長室，紛紛興奮的尖叫慶祝著，校長也對此感到十分開心。

不過對比在場其他隊員的興奮，身為計畫提案人、理應最為興奮的我，表現卻是出乎意料的十分平靜。這份平靜，並不是因為我想要刻意隱藏自己的情緒裝酷，而是當下的情緒實在是複雜到不知道該如何表達了，雖然球隊過去也經歷過許多值得慶祝的時刻，但是這一刻，在這個計畫獲獎的當下，其實也就是我替球隊募款的一切行動，終於能夠稍微告一段落，不再需要繼續為了球隊的經費而苦惱的時刻，我終於完成了那個球隊剛成立時，因為捕手沒有專業護具而受傷後，在心中所默默許下的願望：「讓球隊的大家都能夠沒有後顧之憂的，打一場不讓自己青春留下遺憾的棒球了！」

得知獲獎後，興奮慶祝跳耀的大家。

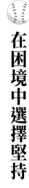

在困境中選擇堅持

球隊能夠在最後一刻逆轉，以第四名的總成績獲得追夢基金，我還是覺得相當不可思議，如果真的要我找出一個能讓我們完成一連串不可能任務的關鍵原因的話，絕對是：「堅持夢想到最後一刻，不放棄任何完成夢想的機會。」

畢竟，在球隊從成立到獲獎的過程當中，要是在球隊剛成立時，就因為自身資源不足，不被看好而放棄，那麼我們可能早就解散了，也就不可能有機會參加安麗希望工場慈善基金會的追夢計畫；要是我們在網路投票中，因為票數大幅落後而選擇放棄，那麼我們將永遠沒有機會在最後一刻逆轉；甚至，要是我們在網路投票的最後兩天，就因為我們已經重返領先，自以為已經獲勝的不再上街宣傳，那麼我們就將以些微的差距，被其他隊伍追過，眼睜睜的看著別人拿下追夢基金。

追逐夢想的過程當中，充滿許多選擇堅持，或是選擇放棄的時刻，但是不論環境有多麼艱困，我們都應該要選擇堅持自己的夢想，而不是輕易的放棄夢想，因為我們一旦選擇放棄，之前一切的努力就都白費了。不斷的堅持夢想，不斷的選擇「不放棄」夢想，才能讓我們能在每個艱困的挑戰當中，克服難關，蓄積能量；在機會來臨時，把握機會，完成夢想！

CH 14

不曾想像的事——夢想牛棚

老師：「你發燒請假還跑來學校做什麼？」

弘宇：「我來見證牛棚蓋好的歷史性時刻！」

老師：「你沒發燒，就趕快給我去上課！」

一切從零開始

在向安麗希望工場慈善基金會提案的追夢計畫通過之前的一年多時間，無時無刻我都在思考並且嘗試著替球隊募資的方法，而在經歷許多深刻的學習與精采的回憶後，我終於因為成功替球隊爭取到這筆一五〇萬元的追夢基金，能夠將替球隊募資的階段性任務告一段落，並且帶著豐碩的成果邁入下一階段。

確定有足夠的經費能建造牛棚後，第一步便是確認場地，在經過討論後，學校願意將一塊原先是附屬幼稚園遊樂場的空地提供給我們使用。只是那塊空地在幼稚園搬遷過後，因為長期荒廢，早已長滿雜草，雖然兩次獲獎共有一八〇萬元的圓夢基金，但基於過去的貧困經驗，我總是想著能省則省。開始要整理場地時，我異想天開的做了一件相當愚蠢的事情——人工除草。每天午休，我都請球隊的隊員們犧牲睡眠，到牛棚建造的預定地集合，用自己的雙手一株株去拔除長滿一整片空地的雜草，然而隨著時間一天天過去，我卻發現到令人難過的事實，那就是即使我們每天中午都已經犧牲睡眠、頂著烈日在拔草，但是那些雜草似乎永遠拔不完，而且還有越長越多的趨勢，所以最後為了儘快將場地整理完成，我們還是請來專業的工程團隊進行整地。最後，我便看著專業器材進到牛棚預定地，以短短不到一個午休的時間，將那塊我們花了長達兩周的午休，也無法拔乾淨的場地，輕易清空整平了。

為了加快牛棚建造進度，當場地還在整理時，我也同步向一些有牛棚建造經驗的廠商詢問造價，只是在詢問後，我卻發現他們提供的報價，比我們預想的高出許多。於是，為了尋找更經濟實惠的建造方式，我找上有豐富工程承包經驗的學校總務主任尋求建議。主任得知後很熱心的告訴我如果可以直接購買相關建材，商請學校工友協助後續的焊接組裝，就可以節省大筆經費。最後，經過一番詢問及計算，我們發現若是以自己組裝的方式建造牛棚，工程預算將連當初廠商報價的一半都不到，所以在獲得學校以及需要請他們加班協助的工友叔叔們同意後，我便決定以這個方案作為牛棚最終的建造方式。在場地整理完成、建造牛棚需要用到的材料相繼到來後，學校的工友叔叔們就以令人佩服的效率與專業技術，展開牛棚建造的工程，一步步按照我們的需求，把鐵桿裁切、焊接組裝成一座牛棚的模樣，看著牛棚的骨架豎立在一片一個月前還長滿一堆雜草的空地上時，大家也紛紛對於牛棚完工的日子感到越來越期待。

原先是長滿雜草的空地。

完成整地並架設護網，即將完工的牛棚。

夢寐以求的牛棚完工

完成牛棚骨架後，仍然欠缺防護網以及紅土這兩項讓一座牛棚真正能夠使用的最後關鍵。防護網需要專業門檻高的架設工程，所以一開始就決定直接請廠商架設。最後的紅土，在熱心網友的介紹之下，找到販售紅土的上游廠商，以市價一半的價錢購買到，湊齊了一切牛棚建造的要素。

不幸的是，在紅土抵達學校，牛棚即將宣告完工的那一天，我差一點就因為國中三年來第一次的感冒發燒，錯過了那對我來說意義重大的歷史性一刻。

那天一早，我因為整夜高燒不退，身體相當不舒服，所以難得請了一天病假。沒想到當我虛弱的躺在床上休息時，居然接到一通紅土廠商的電話，通知我他們載運紅土的卡車即將抵達學校，需要我到學校安排後續事宜。雖然那些事情還有學校總務處及球隊教練可以幫忙，但是為了親眼目睹球場完工的歷史性一刻，我顧不得還發著高燒立刻趕到學校。才剛趕到學校沒有多久，兩輛載滿紅土的卡車就抵達了牛棚附近的空地，當兩台車將車上滿滿的紅土卸下，堆成一座壯觀的山丘，那一刻我激動到想跳上那紅色的山丘翻滾慶祝！

聽聞紅土到來的風聲，隊友們一個個興奮的跑來牛棚，隨著紅色山丘上的土逐漸被送進牛棚、完工的時刻終於越來越接近，大家早已沒有回去上課的心情，於是在教練的同意下，所有隊員終於可以「合法」留下，一邊整理場地、一邊參與這個屬於棒球隊的重要時刻。當推土機最後一次將紅土送進牛棚，牛棚終於宣告完工，球隊的大家也因為看到經費實際使用能帶來的成果，所以比當初得知追夢計畫獲獎時還要興奮的跑進牛棚內歡呼跳躍，親身感受這個因為大家努力才爭取而來、專屬於我們的牛棚，至於早上明明還在發燒的我，也早已忘記自己是病人的身分，興奮的跟大家在牛棚內跑跳跳，從各個角度欣賞我們球隊從無到有打造出來的牛棚，並且在心中默默回憶著球隊成立以來的點點滴滴，以及想像未來我們在牛棚內訓練的模樣。

運送紅土的怪手與忘卻發燒在整地的我。

一邊整理場地，一邊參與重要時刻的隊友。

在灑水舖平後，終於宣告完工的牛棚。

大膽作夢，踏實圓夢

我們的大腦，往往會因為視野狹隘而自我設限，而這些自我侷限，往往也會害我們不敢去想像那些沒有看過，卻可能完成的事情。

所以為了不再讓自己的大腦自我設限，我們應該要擴大視野；看看別人的成功經驗；看看別人是因為做了哪些事情所以能成功，並且透過這些新事物的刺激，擴大自己的可能性。

胡適先生說：「大膽假設，小心求證！」我們在追逐夢想的路上，也應該像發現新的科學理論一樣，儘量開拓自己的視野，不設限的去想像那些不敢想像的事物，並且以「大膽作夢，踏實圓夢」的精神，無所畏懼的去大膽作夢，腳踏實地的去踏實圓夢。

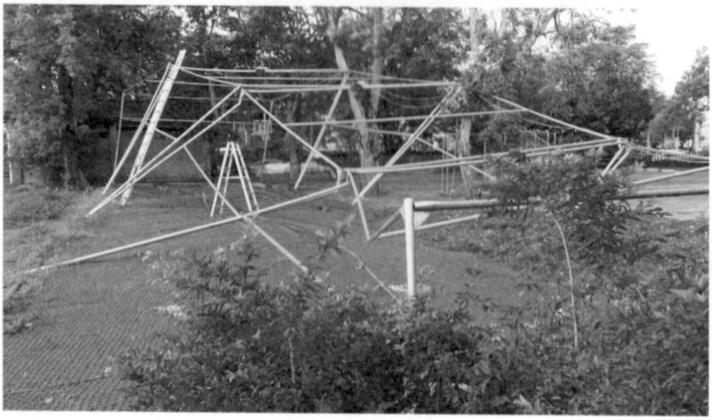

牛棚倒塌番外篇

球隊的牛棚，對於我們來說，一直都是一件不曾想像的事情。

二〇一五年父親節一早，當我還沉浸在睡夢中時，手機的通訊軟體就傳來了一張照片，讓我從睡夢中驚醒。

那幾天適逢中度颱風蘇迪勒來襲，狂風暴雨對台灣造成重大災情，我依稀記得睡前看到新聞報導要大家嚴防颱風，但是從小每次都看著新聞這樣報導，卻從來不曾親身經歷過嚴重災情的我，便懷著僥倖的心態，認為災情絕對不可能發生在自己周遭。沒想到一覺過後，迎接我的卻是一張因為下著暴雨，所以畫質有些模糊，但從中卻可以清楚看出整座牛棚已經倒塌的照片。

一直以來，我都認為自己是一個非常樂觀的人，即使成立球隊的過程，我不斷遭遇許多挫折，但當我面臨那些挑戰時，往往我唯一會想的也就只有如何盡快解決，只是在我看到了牛棚倒塌的照片當下，我實在感到非常沮喪無助，甚至有些不知所措，因為這樣的意外完完全全超乎我的想像：我從來都沒有想過過去只出現在電視

新聞上的颱風災情，有一天居然會發生在自己身上。

只是，很快我就意識到如果就此沮喪消沉下去，那麼球隊倒塌的牛棚將永遠無法恢復，因此調整心情後，決定立刻展開重建牛棚的腳步，颱風一過，我便召集了球隊的大家到牛棚共同整理殘骸瞭解災情，並找尋解決的方法。只是一到牛棚，大家就發現牛棚損壞的狀況相當嚴重，整座牛棚的骨架嚴重變形，有些部分甚至已經斷裂，想要修復繼續使用，絕對是一件不可能的事情，唯一可行的解決方法就是將倒塌的牛棚拆除並且重建。

重建一座牛棚需要多達六位數的經費，因為一場意外突然需要那麼多的款項一度讓我擔心無法順利重建牛棚，不過因為當初在牛棚第一次建造時省下了不少經費，而且後來在徵得安麗希望工場慈善基金會同意後，我們能夠將原先規劃來購買球具的經費用在重建牛棚，所以很快的我們便湊足了重建牛棚所需的經費，並在後續學校以及施工廠商的協助下，在原地重建了一座更加堅固的牛棚，將原先只剩下紅土的空地，恢復成了過去我們球隊所熟悉的模樣——一座可以讓我們訓練、朝著夢想持續前進的棒球牛棚。

CH 15

勝利的滋味

弘宇：「剩下最後半局，我們就要拿下首勝了！」

教練：「大家圍成一圈，一起喊聲吧！」

隊友：「海星海星海星！加油加油加油！」

Stella Maris
13
Stella Maris
18

學校的恥辱

球隊從二〇一三年暑假成立，二〇一五年寒假的全國社區棒球大賽拿下首勝，一共花了超過一年半的時間，在拿下這重要的第一場勝利之前，我們因為不斷的輸球，飽受質疑，甚至有同學說我們棒球隊是學校的恥辱，究竟為什麼敢繼續出去參加比賽丟學校的臉？

每次參加比賽都輸球，成為一支「戰無不敗」的球隊，當然也不是我們願意的，但是就如同前面所提到的，花蓮是台灣職業棒球員的搖籃，我們在花蓮參加的比賽，遇到的球隊大多是從小就以打進職棒為目標在努力，練球的時間是我們好幾倍的選手，所以要打贏他們的機會實在是相當渺茫。

不過即使存在著巨大的差距，我們球隊還是沒有就此輕易放棄，雖然每次輸球都會失落沮喪，但在輸球後，因為知道彼此間實力的差距，所以加倍努力練習。我們在輸球、努力、再輸球、再努力地幾番循環下，也終於有了成果，開始漸漸能讓對手不再輕鬆地就能夠把我們提前結束拿下勝利；也開始能夠與縣內少數幾支和我們在性質上比較接近的球隊打得不相上下。這樣的經驗，讓我們知

即使「戰無不敗」，依舊享受棒球樂趣、辛勤訓練。

辛勤訓練的成果逐漸展現，隊友臉上開始出現笑容。

道，如果有更多機會能夠與和我們性質相似的球隊比賽，那麼拿下球隊的第一場勝利，或許將不會再是一件不可能的事情。

轉個方法，遠征全國社區棒球大賽

於是，為了讓球隊能夠拿下第一場勝利、體驗贏球的滋味，我開始尋找參賽隊伍性質和我們比較相似的比賽，後來發現了「二〇一五全國社區棒球大賽」這項賽事。在順利取得富邦文教基金會及安麗希望工場慈善基金會的計畫贊助，我們終於有了足夠的經費，能夠遠征外地前往彰化參加這個比賽，爭取球隊的第一場勝利，甚至是第一座冠軍獎盃！

前往彰化參加「二〇一五全國社區棒球大賽」，除了要先安排整支球隊前往彰化的交通、住宿等事宜外，最重要的就是必須先讓球隊提早熟悉比賽所使用的軟式棒球。之前在花蓮的比賽一直都是使用硬式棒球，所以當大家第一次接觸到不論是球本身的大小、或是接球時的彈跳都與硬式棒球有著不小差異的軟式棒球，都顯得十分不知所措；但是為了能夠在社區大賽中拿下好成績、證明球隊的實力，我們還是努力的去調整自己的狀態，於是在經過一段時間集訓後，我們終於在前往彰化參賽前，漸漸的能夠適應軟式棒球，蓄勢待發的準備爭取我們的第一場勝利！

▍為了展現實力，積極備戰。

意外的連敗

為了要讓大家有更充裕的時間休息備戰，比賽前一天我們從花蓮繞了將近半個台灣，提前抵達二〇一五全國社區棒球大賽的所在地——彰化。

因為第一場比賽是在早上八點開始，所以為了趕在七點鐘抵達球場開始熱身，大家幾乎連天都還沒有亮就完成盥洗，在飯店大廳蓄勢待發的等待出發。

抵達球場開始熱身後，突然發現靠近我們這一側的觀眾席有越來越多人聚集，仔細一看，發現他們是由贊助我們一五〇萬元追夢基金的安麗希望工場慈善基金會所號召來的加油團，而還在熱身準備比賽的我們，看到這近一百人的加油團，帶著許多自製的加油看板，甚至只有在職棒場上才會出現的戰鼓到場加油，內心非常感動，對接下來即將開始的比賽也更加充滿信心。

不過，雖然第一場比賽我們在場外有著聲勢浩大的加油團，但是場內不免還是有些緊張，一開賽我們就遇上亂流被對手先馳得點，雖然很快就穩定下來，打擊上也逐漸突破對方的封鎖拿下分數，但是最終還是以些微的比分落敗，沒有辦法在安麗希望工場慈善基金會的志工加油團見證下，拿下球隊的首場勝利。

所幸因為我們是一支「戰無不敗」的球隊，面對第一場比賽就輸球並未灰心喪志，鼓起勇氣，我們繼續開始準備第二場比賽；雖然守備上的表現與第一場相差不多，但是因為大家都太急著想要得分，所以在都沒有確實擊中球、只打出零星安打的情況下，最終我們不但沒有贏球，還被對手以完封的方式擊敗！連續兩場比賽都輸球，要說沒有感到沮喪絕對是騙人的，畢竟原先是抱著要取得首勝，甚至順勢拿下冠軍的決心參加比賽，但是兩場比賽過去，我們卻居然連一場勝利都沒能取得，而且接下來也只剩下一場比賽的機會能夠爭取首勝。

在這樣的壓力下，球隊原先高漲的士氣，也不禁低迷了起來。

由安麗希望工場慈善基金會所號召而來的百人加油團。

棒球隊的首勝

最後一場比賽即將開始，我們那位自己也曾當過球員、身經百戰的謝俊倢教練，警覺到大家低落的士氣，因此趕緊召集全隊向大家鼓勵：「大家剛剛都太急著表現了，接下來最後一場比賽大家只要好好展現平常訓練的成果，一定有機會能夠贏得比賽，一起好好加油吧！」並且針對先前兩場比賽的缺失做出提醒，希望大家能恢復士氣、修正缺失、全力搶勝！

教練的提醒果然發揮了效果，最後一場比賽擔任先攻方的我們，修正了前幾場因為太急著攻擊而沒有確實擊中球的缺失，站上打擊區後，都確實地擊中球，讓球突破對方的防守形成安打，在連續安打的串聯之下，我們越打越順手，一口氣在第一局順利拿下七分，第一次體驗在一個半局拿下大量分數的滋味，並一路領先到最後半局。

比賽的最後半局，由於我們還領先對方七分，球隊的首勝看似唾手可得，但是對從來沒有贏過球的我們而言，心情卻十分複雜，一方面期待拿下三個出局數後，就能夠獲得首勝；一方面卻又擔心會重蹈之前難得領先時的覆轍，沒有辦法順利拿下最後三個出局

▍上：為了重振球隊士氣，正在進行賽後喊話的教練。
▍下：經過教練提醒後，最後一場比賽蓄勢待發的準備出擊。

最後半局上場守備前，教練再次提醒大家不要緊張。

數，再次被對方給逆轉、一如往常的輸掉比賽。

跟大家有同樣擔心的教練，在最後半局上場守備前，再次召集大家提醒千萬不要緊張，只要像這場比賽前幾局一樣，穩穩的拿下出局數，就可以順利的獲勝！

不過教練要大家不要緊張是一回事，站在場上實際守備又是另一回事，雖然都說自己不會緊張，但從守備的動作還是看得出來大家其實都十分緊張。不過緊張似乎也讓大家都變得更加謹慎，每一位球員都非常細心地去完成每一個守備動作，雖然沒有很快拿下三個出局數，被對手敲出安打拿下一分，不過最後我們還是在對手擊出滾地球後傳球封殺一壘，順利拿下了比賽的最後一個出局數，得到球隊成立一年半以來的第一場勝利。

球隊首勝時的記分板。

拿下首勝後，大家紛紛露出開心的笑容。

就在拿下最後一個出局數，裁判做出宣告出局的手勢後，大家瞬間都瘋狂了起來，回想自己加入球隊一年半以來，犧牲假日努力練球，終於獲得了甜美的果實，每個人心中都有著無限的激動感慨。雖然這趟遠征彰化的比賽，最終沒有拿下冠軍，但是能在最後一場比賽拿下意義重大的首勝，對我們來說還是一個非常重大的里程碑，畢竟凡事有一就會有二，既然能夠拿下首勝，想必未來「贏球」對於我們來說，一定不再會是一件陌生的事了！

夢想，沒有終點

打從球隊成立開始，過程一直都十分不順遂，但是因為隊友們都是喜歡棒球，卻沒有機會能夠打棒球的同學，所以自從球隊成立，我們開始能夠和一群與自己一樣喜歡棒球的隊友一起打棒球，對我們來說，其實就已經算是開始、也完成了「打棒球」的夢想。

球隊拿下首勝，對於我們來說是否能夠算是完成夢想？我想，如果說完成夢想的定義，是需要有一個具體的里程碑的話，那麼「拿下首勝」，應該也能夠算是完成了我們的棒球夢想。

我們這群從小不是選手，又只能用假日練球的棒球愛好者，在被認為「不可能」中達成了許多「可能」，有了首勝之後，我們不再是「戰無不敗」的棒球隊。但是，往後還有許多不可能在等待著我們化成可能；依舊還是有許多事情在等待著我們去體驗，可以確定的是，我們的夢想永遠都不會有結束的一天。

隊友番外篇——曾方澤

我有個愛看棒球賽的爸爸，國小四年級開始，常常跟爸爸坐在電視機前收看職棒，一開始對棒球知識一竅不通，爸爸總是充滿耐心的為我解說疑惑，久而久之，我對棒球從原先的一無所知，慢慢的轉變成了熱衷瘋狂。

我與棒球的緣份很奇妙，並不是我去找它，而是它主動找上我。二〇一三年國二時，參加合作金庫的棒球營隊，碰巧遇到同校另一位棒球同好游弘宇，營隊結束後的隔天，原本與我毫不相識的游弘宇來找我，邀請我加入海星國中棒球隊的創立，經過與家人的討論，我決定成為海星棒球隊的一份子。

剛起步的練習真的是枯燥乏味，讓我充分了解到原來「看」棒球與「打」棒球有著天與地的差別，但是沒有穩固的地基，那怎麼會有豎立的高樓，所以我憑藉著對棒球的熱愛堅持下去，終於迎來了第一場比賽。但是！畢竟現實是殘酷的，剛成軍的我們馬上被同齡的其他球隊「扣倒」，甚至對上國小生也無法輕易取勝，這時我才真正明白，原來一個球隊的成功，背後需要耗費許多的時間去練習，就算一群很有天賦的選手組成一支球隊，沒有默契的配合也只是陡然，而這又再次證明了「三分天注定，七分靠打拼」。

經過多次比賽的失利之後，我們不再對失敗感到害怕，反而增強了我們對勝利的渴望，成隊兩年後的二〇一五年全國社區棒球大賽中，海星棒球隊迎來了第一場勝利，而最終我們也在隨後的中大杯社區棒球邀請賽中取得優勝的佳績，這次的成果使我們嘗到勝利的甜美滋味，所有隊員們將這美好的感覺轉化為下次取勝的動力，每個人都更投入團隊練習，也唯有如此，才會取得勝利女神的青睞，海星棒球隊發光發熱的那一天，指日可待！

CH 16

黑豹旗的意外結局

學弟：「學長，黑豹旗是你們最後一場比賽嗎？」

弘宇：「不是，但是高中畢業前最重要的比賽！」

學弟：「我們一定要贏，送給你們當畢業禮物！」

海星
Stella Maris
29
18
5
16
17

從一到二——海星高中棒球隊

黑豹旗高中棒球大賽，可以說是全台灣喜歡棒球高中生共同的夢想。

二〇一五年國中畢業後，我選擇留在海星繼續直升高中部，為了讓直升的隊友能夠繼續打棒球，並趕在高三的學長們畢業前，參加一次所有喜歡打棒球的高中生們心中夢寐以求的賽事——黑豹旗全國高中棒球大賽，我決定再一次成立棒球隊。

因為有國中時的經驗和資源，一開學，我便立刻展開創隊行動，以不到一周的時間，順利成立高中部棒球隊，並在學校的幫助下，驚險的在最後一刻完成黑豹旗的報名手續。

黑豹旗這項賽事最吸引人的地方，便在於全國的高中球隊都會參賽，所以比賽時，有可能遇上未來職棒場上明日之星的甲組球隊，也有可能遇上與我們實力接近的社團球隊，而究竟會遇上誰，一切都是以抽籤來決定！

對於在花蓮比賽都是遇上甲組球隊的我們而言，參加黑豹旗自然是希望能夠遇上與我們實力接近的社團球隊，讓我們有多一點的贏球機會，並且能打出一場精采的比賽留下美好回憶！

然而，令我感到愧疚的，是代表球隊抽籤的我居然不幸抽到了新北市秀峰高中這支甲組球隊。於是我們這支比賽當天才成立「滿月」的棒球隊，將要對上一支每個球員都從小一路接受正規棒球訓練的甲組棒球隊，實力的差距簡直是天差地遠！

即使我們在知道將要對上秀峰高中這支甲組勁旅後，就開始加緊訓練，但是兩支球隊的差距，還是在當天比賽的第一局就顯露出來。一開始，即使在守備上我們沒有發生太多失誤，卻還是被一舉攻下了十七分，後來雖然我們逐漸穩定了下來，但最後還是沒有辦法擺脫被提前結束的命運，第三局就被他們以二十三：〇的誇張比分提前結束比賽！

這場比賽除了因為被大比分提前結束讓大家印象深刻外，隊友們在心中也留下許多深刻且寶貴的回憶：像是第一次在打擊區上體驗到超過一四〇公里的速球、第一次站上職棒比賽的場地等。但是，最珍貴的是我們讓即將畢業的高三學長們，在高中生涯的最後一年，在棒球場上完成了他們懷抱許久的棒球夢想，而這正是當初球隊成立時的初衷。

比賽剩下不到30天，球隊不畏風雨的訓練。

即使成果不盡如意，還是在我們心中留下難忘的回憶。

天上掉下來的禮物

經過二〇一五年黑豹旗的洗禮，為了讓球隊能夠在有更加充分的準備後再參賽，經過一年多的訓練，我們在二〇一七年包含我在內許多創隊球員即將高中畢業的最後一年，再度報名黑豹旗。

二〇一七年黑豹旗的球隊陣容，在經過一整年訓練、「海星農場」的選手紛紛直升、實力堅強的新球員加入後，可以說是五年來最堅強的一屆。因此，我對這場畢業前最後的黑豹旗比賽，抱著相當大的期待，相當盼望能夠藉由這場比賽，替自己在海星的棒球生涯畫下完美的句點。

相當幸運的，這次不但抽到與我們同為社團的球隊。而且，更難得的是，這場在台北天母棒球場進行的賽事，更是初賽中少數擁有電視轉播的場次，這一切對於我們來說，簡直就是一個天上掉下來的禮物。

▎參加中信盃黑豹旗開幕式時開心合照。

意外的結局

從二〇一四年開始，花蓮連續三年都有球隊因為證件的問題被黑豹旗大會取消比賽，所以為了把握這個難得的機會，我們除了加緊訓練的腳步外，也提前把全部隊員的學生證、身分證、健保卡等一切證件都收齊。至於少數學生證未製作完成的高一新生隊員，也依照參賽往例，請學校事先開立在學證明，總之，為了避免因為發生證件的問題被迫棄賽的意外，我們做足了一切準備。

諷刺的是，即使我們做足了一切準備，最後我們還是因為證件的問題被迫棄賽，與這個上天掉下來的難得禮物失之交臂。

比賽當天，直到在開始熱身的前一個小時，準備要繳交證件至大會時，我們才發現高一隊員的在學證明，因為我們的疏失，沒有蓋上學校關防章不能使用，至於我們為了以防萬一帶到現場、理應能夠完全證明身分的身分證，則是湊巧的因為規則的變更，從當年開始不被大會承認為有效的證件，所以只要我們沒有在開賽前補上合格證件，就將會被大會宣判失格、被迫棄賽。

因為身為來自偏遠後山的花蓮球隊，我知道我們絕對無法按照規定在比賽開始前即時補上，所以對於突如其來危機早已習慣的我，為了找尋球隊最後的一線生機，開始試著以學校在補上關防後緊急傳真來的在學證明影本，以及現場缺乏關防的在學證明正本交叉比對，說服大會認可我們的身分。

令我震驚的是，即使我自認已經說服了大會，後來主動承認球員證件也有問題的對方教練，知道學校遠在中央山脈之後的我們，除了救難直昇機之外，絕對無法在一小時內送達正本後，開始瞬間化身為規定的捍衛者，不斷堅持按規定上的正本兩個字，要求我們完成絕對無法達成的任務。

所以，當最後理應是所有隊員興奮走出休息室，準備站上球場開始為夢想拚搏的美好時刻；卻因為這場意外，成為了大會正式宣判我們比賽失格、所有隊員心碎的悲傷時刻！

一連串驚奇的夢想旅程

在你看到這本書的當下，距離當初我和幾位喜歡棒球的學生，追逐心中的棒球夢想創立球隊，已經過了五年的時間。

球隊剛成立時，大家認為就憑一群國中生絕對成立不了一支棒球隊，然而即使過程充滿了各種困難，也從來不被看好，我們還是靠著對夢想的熱情與堅持，跌破大家的眼鏡，逐步克服挑戰，完成了大家眼中的不可能，讓球隊能夠擁有充足的資源，穩定的運作下去；不過在這之後，挑戰並沒有就此離我們而去，有了足夠的資源，我們雖然能進行穩定的訓練，但是大家還是認為一群沒受過正規訓練的球員，絕不可能贏球。經歷了無數敗戰的我們，始終沒有放棄，憑藉著持續的努力訓練，在球隊成立一年半後，我們還是拿下了首場勝利，階段性的完成球隊成立的夢想。

這五年下來，即使比賽成績不理想，甚至在包含自己在內幾位創隊元老高三畢業前最重要的一場比賽，戲劇性的以一場意外結局，但在經歷這一連串驚奇的夢想旅程後，還是讓共同經歷這一切的隊友，留下一段永生難忘的回憶，而這回憶才是我們一路走來，最寶貴的資產——我們對棒球的熱愛，依然火熱如花蓮夏天的太陽！

隊友番外篇——徐林閔浩

棒球，一直是我最熱衷的運動，進入海星高中，知道學校有棒球隊時，我毫不猶豫就找上棒球隊的弘宇學長，就這樣在高中生活中讓我從小的棒球夢，開始萌芽並茁壯。

在高中以前，都是看著電視上的棒球比賽，和同儕模擬比賽的狀況，當時都是以玩玩的心態「打」棒球，但加入校隊後，開始接受正規的訓練，以認真嚴肅的心態「玩」棒球。我剛加入時，還是一位菜鳥學弟，原先以為和學長相處會是一個困難的課題，慶幸的是，學長並沒有我想像的那麼不平易近人，在海星棒球隊，不管是學長或學弟，彼此都是一家人，在球技上或是生活上有問題時，都可以請教學長，一起解決問題。於是我們建立起在球場外是家人，在比賽中是隊友的模式，這樣相處的關係，為比賽中的我們培養了相當良好的默契。

升上高二時，我接下了隊長一職，這對我來說是一個嶄新的挑戰，要成為一個團體中的領袖，對內向的我而言，並不是一件沒有困難的挑戰，更何況球隊裡的學長及學弟們都相信我，所以我更不能讓他們失望。於是，我開始努力學習做一位領導者，學習帶領球隊的所有人，包括我所尊敬的學長，以及疼愛的學弟們。在我心中棒球隊「隊長」是相當神聖的地位，因為一個球隊能否凝聚向心力，正是在考驗一位隊長的能力，有了好的共識，球隊才會進步，球隊進步，贏球的機會才大。

記得二〇一七年的棒球聯賽，我們球隊團結一致將所有的能力發揮的淋漓盡致，彼此間的默契只要一個眼神，搭檔就立刻知道答案，比如我和弘宇學長組成的二游搭檔，不用過多的言語，就可以知道對方的下個動作。在那次比賽裡，雖然在最後被對手逆轉，結果並不是大家所希望的，但是當時教練跟學長要我們回頭想想最初加入球隊的初衷是甚麼？勝敗並不是棒球運動的唯一目的，轉瞬間整個球隊放下了所有的挫折情緒，留下好好回味那場比賽中團隊默契的美好感覺，而這就是我們的初衷——只想好好打一場球！而為了這個美好的夢想，我們願意不斷在花蓮的豔陽下，流汗揮灑不悔的青春棒球夢。

加入這支棒球隊兩年，我學到的並不單單是球技的層面，反而更多是做人處事的道理，甚至是一個人的人生價值觀，而今我感覺自己一年比一年更成熟更穩重，這一切都要感謝這支球隊，要是可以，我願意和隊友們一次又一次在球場上奮鬥，打出一場又一場充滿默契的美好球賽，直到永遠！

我的學習歷程與拾穗計畫分享

我的學習歷程

出生台灣的我們，從小開始就不斷被師長灌輸：「學習是為了將來能進入一間好的學校，畢業後找到一份好工作！」的觀念，不斷在這樣來自師長們「為了你好」的沉重壓力下，無法體會學習樂趣，不知學習的真正目的為何，成天渾渾噩噩埋首書堆苦讀。

幸運的是，出生後山花蓮的我，即使一樣要每天一早起床上學，下課後繼續去補習班報到，但是仍然沒有感受到太過沉重的壓力；因為對我而言「上學」不過就是到學校和朋友們一起聊天搗蛋；至於課業，我並不會感覺太過困難，國小時因為覺得課本上的知識相當有趣，能夠滿足我對於世界的好奇心，總是在課本發下的第一天就將全部課本讀完，並且嘗試解決課本裡面不懂問題的我，自然輕鬆就可以維持在班上的前幾名，國中後即使認為課本不再有趣，但是靠著國小打下的深厚基礎，以及每次考試前的熬夜苦讀，我依舊能維持不錯的成績，甚至僥倖進入學校的資優班，而師長們總會期望我再向上突破，但是實際上他們給我的包容更勝於壓力，讓我可以每天悠遊的在學校快樂學習。

因為不需要在追求課業成績上花太多時間，所以我擁有相當多的空閒時間，能夠去嘗試其他的學習方式，而「閱讀」正是其中很重要的一項。

如果說「上學」所學到的課本知識，滿足了我對於世界的好奇心，讓我初步認識了這個世界；那麼透過「閱讀」課外讀物，滿足的則是我對於自己感興趣知識的渴望。

國小開始，因為天生好奇心旺盛而且喜愛冒險，所以我特別喜歡閱讀有冒險元素的小說，將自己想像成主角在書中的世界冒險。然而，隨著年齡增長，虛構的小說世界已經不能夠再滿足我的求知欲望，我開始閱讀由真實的人生冒險經驗寫成的人物傳記。當時，最能吸引我的是台塑創辦人王永慶、長榮航運創辦人張榮發這兩位白手起家的創業家傳記，看到他們從無到有成立一間企業，面對各種艱難挑戰的精采冒險過程，深深吸引了喜歡冒險的我，即使國小五年級的我根本還不知道「創業」究竟是什麼，但是「創業」這個自己覺得一定會充滿精彩冒險故事的夢想，從此悄悄在心中開始生根萌芽，十一歲的我懵懵懂懂的立下了「創業」的人生志願！

學習的方式

如同大家在這本書所看到的，一個十四歲的國中生，從無到有成立棒球隊的過程充滿了各種挑戰。而且這些挑戰不但多，種類更是包山包海，從隊員招募、經費募集，到後來日常訓練等等，偏偏學校教育的課本知識，從來沒有教過我該如何回答考卷之外的問題，為了解決這些挑戰，經過不斷的探索，我才逐漸領悟到透過「自學」來解決這些追逐夢想路上的挑戰。

在自學的過程中，最棒的一件事情，就是無論要學什麼，或是要怎麼學，都可以自己決定，但是在這巨大自由的背後，卻也意味著，因為沒有人會要求你，所以你必須明確的知道自己究竟要學什麼。

球隊成立之初，我雖然知道自己要學習如何替球隊募款，但是當時的我對募款一事根本毫無頭緒，就只憑著一股對夢想的衝勁亂闖，透過不斷的嘗試從中發現錯誤，調整自己的做法，最後才有機會順利替球隊募款。透過大量的失敗經驗，我找到自己的第一種自學方式：「實作」。

後來在寫計畫替球隊募款的過程中，我又發現了第二種自學方式：「閱讀」。

比起成立球隊初期的電話募款、臉書許願池、球場舉牌等等可以隨時修正的募款方式，參加圓夢計畫，是個一年只有一次機會，一旦失敗就只能明年再捲土重來的募款方式，所以事前的充分準備相當重要，我必須在參加前就準備好自己，確保計畫每一個環節都能夠贏得評審的青睞。因此國小養成的「閱讀」習慣，便成為我參賽前的備戰策略。參加富邦的圓夢計畫時，我在網路上閱讀了一系列有關如何寫計畫的文章，並在進入決賽後閱讀製作簡報、演講技巧等相關書籍，學習上台報告技巧。接下來安麗的追夢計畫，我更增加閱讀各種能對計畫產生幫助的書籍，學習文案、簡報、行銷等技巧，讓球隊成功從眾多隊伍中脫穎而出！

因為募款，讓我找到「實作」與「閱讀」兩種自學方式，而維持球隊的運作與解決隊員間爭執的過程，則讓我找到第三種自學方式：向有經驗的師長「發問」，學習他們從經驗中累積的智慧，得到解決球隊爭執的最佳處理方式。我相信每一位師長都一定擁有他值得學習的東西，而「發問」這個人類本能的行為，總是能夠快速的讓我了解到那些在書本中無法學到、經驗中需要親身失敗才能取得的寶貴知識，因此「發問」這件每個人小時候一定都非常擅長，但隨著年齡增長卻逐漸遺忘的技能，再度變成當我遇上「實作」跟「閱讀」這兩種方式都沒辦法解決問題時的最後武器！

拒絕學測的小子

從無到有成立球隊、面對挑戰的過程並不輕鬆，但是這段如同創業一般的精采過程，卻使從小就喜歡冒險的我樂在其中，並且使自己從國小時就立下的創業夢想更加茁壯堅定。

同時，藉由「實作」、「閱讀」、「發問」這三種學習方式，克服成立球隊的諸多挑戰後，我完完全全改變了對「學習」這件事的看法，發現學習自己有興趣的實用知識，不但非常有趣，而且還可以讓自己更接近夢想。

於是，當我確立自己的夢想是「創業」，讓自己更接近夢想的關鍵是「學習」，學習的方式是「實作」、「閱讀」、「發問」後，我對於學習這件事不再感到迷惘，我學習的目的，再也不是「為了將來能進入一間好的學校，畢業後找到一份好的工作。」而是「為了實現自己的創業夢想」，而且我一刻也不想再浪費時間，我迫不及待的想趕快開始學習，讓自己更快接近夢想。

只是，在台灣社會的現有升學體制下，成績好的學生不願乖乖念書，簡直就是離經叛道的行為。偏偏我正好就是那個大家眼中「成績好的學生」。從小到大，即使我因為不知道上學的目的是什麼，從來不願認真上學，但是成績依舊能夠維持著一定的水準。所以當我在高中這個對於所有學生來說升學壓力最沉重的階段，為了貫徹自己對於學習的想法，爭取更多時間進行自學，宣布要當「拒絕學測的小子」，這個意味著「不念書、不升學」的大膽決定後，立刻遭受到來自四面八方的質疑與炮轟！

因為，這對於所有「為了我好」的師長們來說，簡直就是一場將會「賠上人生」的豪賭。

十六歲的我，面對著這麼多師長的質疑，也一度懷疑自己是否做錯了決定；在無數爭執後的夜晚，覺得大家都無法理解我的想法，氣憤又委屈的躲在房間偷偷哭泣。但是，我不是一個會輕易妥協的人，成立球隊的經驗，更證明我的學習想法確實可行，所以即使花費許多時間精力爭論，我還是努力向師長們證明：我拒絕學測的決定，真的不是為了「逃避學習」，而是為了「學習更多」；我拒絕學測的決定，真的不是一場「賠上人生」的豪賭，而是一場「創造人生」的戰鬥！

在校自學

經過一番抗爭與互相妥協，為了不讓師長擔憂，我必須將成績維持一定水準；相對的，我也開始能夠在學校課程中，擁有一定程度的自由，可以按照自己的步調展開學習。因此從高一開始，我展開了一場在學校體制內的體制外學習實驗「在校自學」，努力朝著自己的創業夢想前進。

不過，沒有想到的是，當我費盡千辛萬苦說服大家，以為一切就要開始一帆風順時，馬上就面臨到了另一個原先根本不曾想過的問題。

原先在我的想像中，成立球隊過程中體悟到的「實作」、「閱讀」、「發問」這三種學習方式應該都會進行的十分順利，彼此也能互相補足，但是當我真正開始執行時，我便發現這完美的想像根本就是天方夜譚。

首先，「實作」的學習上，因為就像成立球隊一樣，總是會有意想不到的突發狀況發生，所以我總是為了處理突發狀況而疲於奔命；再來，「閱讀」的學習上，因為自己挑選的大多是商管類的書籍，沒有什麼基礎知識的我，一開始根本就搞不懂書中那些專有名詞的意思，閱讀起來總覺得艱深乏味；最後，「發問」的學習上，因為在大多時候自己都相當可笑的沒意識到已經深陷問題，所以也不曾想過需要藉由發問來解決問題。

這三種自己原先以為能打遍天下的學習方式不斷遭遇困難，一度讓我感到相當沮喪，只是，遭遇到困難就輕易放棄，一向都不是我的作風！所以我還是選擇繼續堅持下去，我依舊不斷的嘗試各種實作，不斷的大量閱讀。

高一開始，我就在學校號召一群關心於地方議題的優秀夥伴組成團隊，到外地參加論壇發表我們對於花蓮地方議題的觀點；論壇結束後，利用參加論壇爭取到的獎金為花蓮市的國福社區撒固兒部落拍攝一部紀錄片《平原上的火光》，協助行銷當地感人的歷史故事與優美的自然資源；這一連串藉由團隊合作進行各項計畫的過程，跟創立棒球隊的獨立作戰不同，團隊工作所累積的實作經驗，更讓我懂得在團隊中妥善的分配工作，讓大家都能扮演好自己的角色，使團隊的力量發揮到最大。

有趣的是，隨著不間斷的實作與大量閱讀，我逐漸發現自己不但開始能夠理解書中那些過去令我感到困惑的專有名詞，甚至有時還能在書中發現我們團隊過去種種做法在書中的對應，並且透過閱讀所理解到的新知識，修正團隊在未來執行時的做法，開始享受在閱讀當中成長的樂趣。而這相輔相成的學習，正是自己展開「在校自學」實驗之初所追求的。

小小心得

至於在這段自學過程當中，自己最有心得的部分莫過於「行銷」這件事。

升上高二時，因為在青少年高峰論壇的表現，吸引主辦單位拓凱教育基金會的注意，所以我們取得了「二〇一七拓凱全國青少年高峰論壇——用行動點亮未來」的主辦權。籌備一場全國性的高中生論壇是一個執行時間長達半年的大型計畫，在籌備之初，因為團隊高一時就有對於地方議題親身行動的經驗，所以對於論壇的方向我們有著豐富的想法，而從中培養出來的絕佳默契以及行動力，也讓我們很快就完成活動的計劃書，開始對外開放報名，或許是因為論壇第一次從西部移地到花蓮舉辦的關係，直到報名截止的前一個月，報名的狀況都相當慘烈：當時我們預計邀請十組隊伍參加論壇，結果距離報名截止前兩週還是只有六支隊伍報名，讓我們只能被迫延長報名的時間，並且開始臣服於臉書萬惡的演算法，向他們購買廣告加強我們活動的報名推廣。因為一開始安排在行銷的預算並不多，所以在購買臉書的廣告時，我必須盡我所能的將廣告預算精準投放在正確的對象身上，因此我便根據過去在安麗追夢計畫進行網路投票時，所學習到的行銷經驗「先充分了解自身價值，再來鎖定可能吸引到的客群」，與團隊討論出我們論壇最能夠吸引人的價值「與來自全台各地關心地方議題的高中生齊聚一堂，並透過彼此的創意、思辨、交流激盪出一段高中生涯難忘的回憶」；然後根據這項價值，進一步設定可能吸到到的學生特質「熱衷公眾事務、關心社會議題、豐富課外活動經驗」來設定廣告的受眾；進一步透過閱讀品牌行銷相關書籍，所學習到的行銷文案技巧「藉由簡單明瞭卻吸睛的圖文在短時間抓住大眾目光」，請文案組與美宣組針對我們鎖定的市場設計文案與圖片，而這種針對小眾市場精準投放廣告的做法，讓我們很快就有了豐富的成果，在論壇報名的最後一段時間，接近瘋狂的吸引到突破過去紀錄的全國六十七支隊伍、七十四間學校、將近四百位師生報名，而最後論壇也在所有籌備團隊成員共同的努力下，讓所有參與論壇活動的高中生都替自己的高中生涯中留下一段難忘的回憶。

而最令我感到驚奇的是，經歷這一切學習後的我，居然已經開始有機會能夠將這些用在真正的商業世界上。約莫一年前母親開始在花蓮創業經營一間早午餐店「吐司坊——現做吐司專賣店」（偷偷打一下廣告），而我自然負責協助母親進行品牌建立以及網路行銷的相關企畫，由於在創業之初便決定即使成本會高出許多，也要使用健康新鮮的食材，並將這一切對消費者完全透明，與一般連鎖早午餐店使用的工廠食材做出市場區隔，讓現今普遍對於食安議題有所疑慮的消費者，能有一個健康且美味的新選擇，經過一年以來的堅持與努力，母親的早午餐店目前也算是小有成果，成功精準的打進了當初創業時所鎖定的目標市場——講求早餐要健康與美味兼具的上班族，協助母親進行品牌行銷的經驗，讓我甚至想進一步開始運用這項能力，在這個網路越來越便利的時代，接案協助在地商家透過網路進行品牌行銷，提早替自己未來的創業夢想籌措資金。

意料之外的結果

在追逐創業夢想、展開「在校自學」的實驗之初，我因為極具爭議的「拒絕學測，不上大學」宣告遭遇許多阻礙，但是在經歷許多抗爭與妥協後，我成功累積了一連串在創業路上必定相當實用的知識，讓我相信自己距離創業的夢想越來越接近。

令我感到驚奇的是，專注於「在校自學」，高中三年不太專注課業的我，原先非常確定自己短時間內不會選擇繼續升上大學，但是最後居然因為在校自學過程中養成的閱讀習慣，有了一個意料之外的結果。

平常除了閱讀書籍外，我也會透過閱讀各類雜誌來了解社會上以及自己所關注議題的最新資訊，而這個習慣意外使我發現了一個繼續升學的機會「特殊選才」。

近年大學端為了給像我這樣因為專注在不同領域學習，不適合台灣現行升學體制的學生，一個繼續升學、學習更多專業知識的機會，開始興起「特殊選才」這個只看特殊表現，不採計學業成績的升學管道，而這個管道也讓我有了一個不同的選擇，使創業與升學這兩條我曾以為不會相交的平行線化為交集。

其實一直以來我並不真的排斥唸大學，高一會決定「拒絕學測，不上大學」，純粹是因為排斥為了升學需要被迫進行的學習方式——「每天上學念課本，學習各式各樣未來不一定會用到的知識」。高中三年「在校自學」期間，因為對於未來擁有明確的目標，深知自己想要學習的內容，所以即使我決定不加入大多數人所遵循的升學管道，選擇走一條必定更加辛苦，但也更加快樂的道路。透過各種上述提到的主動摸索，我幸運的掌握到了在「特殊選才」計畫中教授們相當看重的「自主學習」、「組織企劃」、「跨域發展」等多元能力。

因此我這個曾經遭到眾人唾棄的「拒絕學測的小子」，就憑著這些當初不曾有人看好的「在校自學」實驗成果，搶先在同學們都還埋首書堆為學測努力苦讀之前，成為了國立清華大學這所優秀學校的新鮮人，在榜單出爐後大大跌破眾人的眼鏡！

學習，是為了更接近夢想

我們經常排斥學習，是因為從小到大在學校不斷的上課、考試，使我們漸漸有了一個嚴重的錯誤觀念「學習，只是為了應付考試」，所以從來沒有辦法享受學習的樂趣，願意全心全意的投入學習。

只是，我比別人更堅持學習絕對不應該是如此，追逐棒球夢想的過程中，我發現「考試」原來不是我們學習的唯一目的，而「認真上課」更不是學習的唯一方式。為了要追逐棒球夢，使我發現「學習，是為了更接近夢想」，而後來在高中的「在校自學」實驗中，我更因為可以自己安排學習的內容和方式，完全專注地朝著自己夢想前進，所以體會到過去在考試學習的過程中，從來不曾體會到的學習樂趣，讓我自己深深的愛上學習。

當然，相信沒有人一出生就確定自己的夢想，就連音樂神童莫札特也是因為接觸了鋼琴，才發現他對於音樂的天賦和渴望，進而投入大量的時間學習，成為舉世聞名的音樂神童。

每一個人要確定自己的夢想，都一定需要經過大量的探索，這段探索的過程，絕對不會輕鬆，因為除了部分的夢想，可能存在於有著標準答案的學校課本之中，還有更多的夢想，是在於課本之外，充滿驚奇的廣闊世界當中，唯有透過我們不斷的勇敢探索，才有可能發掘。

即使堅持走一條不一樣道路的過程充滿艱辛，但是相信當你和我一樣，確立了自己的夢想，有了明確的學習目標後，就一定會願意不顧一切的學習新知，並且能夠開始享受學習帶來的樂趣，進而從中找到一片屬於自己的舞台，一步一步的朝著自己的夢想前進。

特技公益女孩

倪滢滢
保德信青少年志工菁英獎17th全國菁英獎得主、拾穗計畫22級錄取生

聽起來熱血沸騰的名稱「特技公益女孩」是新聞媒體對於我的定義。

事實上，我只是個再平凡不過的高中生，若真要說有什麼過人之處，應該是勇敢吧！

我從國三那年開始接觸志工服務，起初撰寫圓夢計畫，赴柬埔寨擔任國際志工。回臺後受到感動，在二〇一七年的暑假發起環島義演活動，透過群眾募資平台籌措經費，帶領團隊巡迴臺灣，到各個安養院特技義演。隔年仍投身銀髮議題，並且擴展範圍往離島邁進，以徒步方式環走金門、馬祖、蘭嶼及綠島，進行義演活動，更用相機紀錄其瑰麗與潛在問題，而後辦理展覽。

幸運的是一路上遇到許多貴人，活動迎來許多迴響，甚至獲得為數不少的獎項肯定，包含保德信志工菁英獎、福爾摩沙女兒獎、教育部績優志工、圓夢計畫優勝等等。後繼效益遠遠超出我所預期。當時的我，萬萬沒想到「結合特技藝術專長，燃起自我、劃亮世界」的夢想，也竟誤打誤撞地在日後升學這場迷霧中，替我點起一盞明燈。

在升學說明會中，認識了近幾年才創立的「特殊選才」機制，便秉持著姑且一試的心態報名了。想當然爾原先學測也沒放下，只是必須先行整備書審，歸納迄今經歷，原本倒也沒有報太大的期望，殊不知順利通過初審，來到面試階段，最後上榜國立清華大學的清華學院學士班。

「特殊選才」這個管道，創設目的便是希望透過多元管道，篩選出擁有重要特長亦或特殊成就等學子。歪打正著的成果令我不禁仔細探討，究竟是什麼樣的因素，讓我有機會在眾多競爭者中脫穎而出？思考後發現，在現今這個資訊爆炸的年代，培養跨領域整合、思辯能力就相對更為重要，你必須抱持積極才能不斷往前邁進，也因此大學特殊選才非常看重「求知企圖」、「跨域學習」、「創新突破」、「領導統御」等特質，而我在築夢過程中，將特技結合企劃力、組織團隊進行公益計畫，就正巧符合以上核心價值。我想大多數人皆擁有專長和興趣，若是願意投入心血，便能將自己導向更多元的面向，選擇相對的也會更寬廣。

最後想吐露真言，在整個特殊選才的過程，說毫不遲疑做出抉擇是騙人的，甚至同儕朋友們都比我還要相信自己，然而時至今日回首過往，卻很慶幸最後選擇嘗試。這讓我不禁感嘆：勇氣與自信，真的是通往成功不可或缺的要素。

我們常常低估自己，又或者擔心失敗而裹足不前，但若不勇於嘗試，又何嘗知道結局是什麼呢？所以，裝備好自己大步向前吧！

希望有一天，特殊選才不再特殊

夢想一號魔術方塊工作室創辦人、拾穗計畫21級錄取生
李孟一

我透過二〇一七年清華大學拾穗計畫進入清華大學，也就是特殊選才的錄取生，是一位魔術方塊玩家，以前運氣好可以在比賽場上撿到一些成績，在世界魔術方塊協會的官網上也有我曾拿過台灣紀錄的資料，但清華大學錄取我主要在看重我的能力，因為我在高中時曾經帶領社團主辦台灣第一場跨國際的魔術方塊大賽，以及在科博館舉辦小型展覽，還有其他推廣魔術方塊的經驗，如果說簡單一點，我的專長是領導企劃，次要是魔術方塊。

跟大家所知一樣，特殊選才錄取生不多，我這一屆全臺灣不到三百人，但會越來越多，二〇一五到二〇一七這三年都是試辦的入學管道，直到二〇一八學年才是正式入學管道，全台一共開放五百五十五個名額。

根據大學招生委員會聯合會：「為改善現行多元入學制度較難鑑別部分具有特殊才能、經歷或成就之學生，並利大學錄取該類真正具有潛力與才能學生，以漸進改變、重視大學自主為精

神，由大學提供少量名額，於二〇一五至二〇一七學年度間以單獨招生方式進行小規模試辦，以招收不同教育資歷之學生。」

就我的理解，特殊選才給了每所大學非常自由的選才方式決定要怎麼招收學生，招收什麼樣的學生，而大多數學校招收的學生都是學科偏才，像是A科系就招收在A學科上有相關能力表現的人。

至少到我這一屆，我認為最特別的是清華大學，特殊選才如同繁星一樣，清華都是最早的發起者，而清華也收了最多元的學生，幾乎不限制任何條件，

我這一屆有帆船國手、國標舞教練、空手道國手、四年創業經驗、資訊學科能力、英文專長……但這些敘述完完全全不能代表我的同學們，也可以說是外人急著貼上的標籤。

其實拾穗計畫這個名字有些貶義，拾穗意味撿起地上被遺落的稻穗，就是給無法靠現行教育體制進入排名較前面之大學的學生一個機會，可以進入像清華大學這樣的一流大學。很多人會覺得要考上特殊選才，身份全部都是國手、或是台灣××第一之類的，其實，這並不全然正確。像是清華大學拾穗計畫的錄取生中，可以大致分成特殊專長、逆境向上、學科偏才這三種，其中提供給逆境向上學生的機會，確實是像繁星一樣，想要扭轉階級複製；至於特殊專長的學生，也有許多人會有這樣的疑惑：「這些國手、具備特殊才能的人，真的能應付繁重的大學學業嗎？」清華大學招生策略中心的師長則會這樣回答：「既然他們過往有能力、毅力在一個領域達到頂尖，

在他們進入大學選擇了自己想走的路後，他們沒理由辦不到！」如果你真的要說特殊選才的條件是什麼？那我認為：只要你有某些豐富於大多數同儕的經驗或是在某些領域有所成就都有機會。

以清華大學拾穗計畫來說，其實特殊選才的人也不全然是因為一個「標籤」才會錄取，而是教授會考量更多特質來決定一個人是否錄取，若干位教授在面試後，會以類似辯論的方式討論出誰更適合錄取，然後在錄取之後才打上分數，雖然因此造成分數的參考價值不大，但本來就沒有任何人該是被分數這種單一標準評比的。其實負責特殊選才的教授們評比考量的是：這個學生為甚麼會需要這樣的機會？這個學生有什麼特別的個人成長學習歷程，是可以為繁重的大學課業做好先備知識或能力？我的同學大多都是跨領域的學習者，所以，用任何單一標準來檢測每一個人，並不符合拾穗計畫的方向。

我其實是我這一屆唯一的備取生，就拿沒有來清華而讓我有機會的那位貴人為例，他雖然是逆境向上，但他除了學科能力的專長還有校內外競賽的優異表現，所以「逆境向上」這一個框架並不足以定義他。

每個人的成長歷程都彌足珍貴，特殊選才的學生在某些領域或是某些經驗上都是豐富於同儕的，某方面可以視為實驗創新的先行者。我在與許多特殊選才的同學們聊天時發現：雖然我們過往都在不同的環境、領域耕耘，但我們卻都有難以忽視的共同點——在許多時候，我們是不同於主流價值，卻敢於為自己的夢想奮力一搏、不輕易放棄的人。

在許多討論中我們有感於「這個社會不該再用同一把尺衡量每一個人」這個常被許多人掛在嘴上但現實時常並未實行的理念，我們開始努力思索有甚麼推廣可能，所以我們成立了組織「第N大道」，期望每個學生都能在學習歷程找到屬於自己的第N條大道，不被學習條件限制所扼殺，實現所有多元探索的可能，我們現在計劃透過網路自媒體平台（臉書可搜尋：第N大道）拍攝影片，讓大家破除一些對特殊選才的既定印象，也透過影片拍攝個人故事、觀點，再三強調「這個社會不該再用同一把尺衡量每一個人」這個同時也是特殊選才的特質。除了定期的專欄介紹特殊選才的人們，之後更計畫把專欄集結成書，讓更多人知道台灣教育環境下還能有的更多樣貌。

我們也想讓更多人知道我們每個人獨一無二的故事與尺，因此我們開始撰寫演講企劃，希望讓我們得以進入中學校園分享不同的生命故事，感謝現在有台中一中、道明中學等校邀請。組織仍在草創階段，但願景是想讓台灣的教育環境有所改變，希望我們的故事能變作更多的種子，某一天影響更多更多人，我們也希望，某一天特殊選才的人們變得一點也不特殊。

遇見弘宇，一個永不妥協的頑童

林秀玲（作者母親）

我的職業是媽媽

我不是虎媽！出生在台北的我，嫁到花蓮與先生一起工作。兒子上幼稚園開始，我就成為常被老師「告狀」的家長！從小，兒子常有他自己莫名其妙的固著，甚至面對老師長輩，他也毫不退卻地「堅持」自己的想法。在自由氛圍之下長大的我，剛開始只覺得是小孩的好奇與天真使然，為了讓孩子保有他的創意，我告訴自己要讓兒子自由自在的長大，不要去壓抑他的天份，而選擇壓抑自己的焦慮、安撫孩子身邊的大人。

很不幸的是，我這樣的理想教育方法，到國小三、四年級時，面臨重大的考驗！兒子幾乎在學校天天跟老師「辯論」，但老師覺得兒子跟同學是在「搗蛋」，孩子的「勇於發言」、「樂於實驗」讓他自己成為名聞全校的「麻煩人物」！師生認知的差距，發展到後來變成兒子每天以惹怒老師為樂，面對老師的不諒解、家人的質疑，我選擇擔任孩子的救援投手，隨時在孩子有狀況時跟老師溝通協調。我並不想成為「虎媽」，也不想變成「直升機父母」，更不想讓兒子變成他人眼中的「媽寶」。

我很清楚小孩可能因為家長的全力支持變得有恃無恐，成為老師不想管的麻煩學生，這情況絕對不是我想要的。可是，我也很清楚自己兒子超乎常人的「堅持」，是他最珍貴的人格特質，也是他人生成就的重要動力，這一點是我無論如何要去呵護的性格。其實，我很清楚孩子常常玩過頭，確實很該罵，我不會捨不得孩子被老師指正，我自己有時候也會被兒子的言行惹怒，但是他耿直又好辯的個性，如果不斷被壓抑，不服輸的他可能選擇對抗學校體制，成為真正的麻煩人物。最後，我選擇陪伴孩子，擔任他與大人世界的溝通協調者，不對抗體制，也不被體制的缺乏個別需求壓抑，儘量讓孩子在體制中自學，彌補他在現行教育課程中不被滿足的創新欲望。只要兒子提出合理要求，我儘量讓他去做，只要他想學的我就讓他去學，他想買的書我就讓他買，但是我並不是毫無質疑地讓兒子予取予求，其實我們母子幾乎隨時都在辯論，我不用父母的權威，但是只要他能合理的說服我，我就會去協助他實現他想做的事，國中他創立棒球隊後，我變成棒球隊的護士、文書、司機……，隨著孩子年齡的日漸成長，他接的活動越多，我要支援的事也越來越多——孩子上學時幫基金會向他「留言」，家人可能都覺得我是兒子的全職秘書，其實，打從兒子幼稚園被老師投訴、國小三四年級跟老師對抗開始，我就很清楚我的職業是媽媽，為了讓性格堅持的兒子能融入學校，不對抗體制也不壓抑孩子，我必須去全力擔任協調溝通者，讓老師能教育我的孩子，也讓我的孩子能留在學校好好學習，所以，我是救援投手、是秘書、是司機、是護士，只要能成就兒子的事，我都願意去做，也邀請老師與同學的爸媽一起去做，不是因為我全能，只是因為「我的職業是媽媽」！

摸著石頭過河的爸爸

游楊斌（作者父親）

問：爸爸對你做的這麼多課外活動，有什麼意見嗎？
答：我爸「從來沒說什麼！」
問：爸爸對你的課業要求是什麼？
答：我爸「從來沒說什麼！」

我是一個跟台灣多數爸爸一樣的平常人，從小讀書、考試、讀書，然後當兵、就業，結婚後跟太太回花蓮工作。每次兒子的活動訊息被登在報紙時，常被朋友詢問我們夫妻是用什麼方法栽培出這麼特別的小孩？有時長輩也會問為什麼讓孩子有這麼多課外活動，小孩子不是要專心把書讀好嗎？

弘宇三歲時，為了方便接送，我們夫婦決定讓孩子就近念公司附近的天主教海星幼稚園，後來一路到高中，他都待在天主教海星高中的體制內。小學一、二年級時，弘宇很容易就拿到很好的成績，身為父親的我，自然對孩子的課業有了很多的期待。但是到了小學三年級，弘宇跟當時的導師相處不利，每天都想各種點子來考驗老師，媽媽多次到學校跟老師溝通，我心理有著很多初為人父的憂心，但是為了尊重媽媽要讓孩子的天賦自由的理念，我只能把焦慮放在心裡，約束自己不要過早給兒子壓力。幸運的是就讀學校的多元陪伴理念，對各種不同屬性的學生有高度的包容性，讓我們的叛逆小子可以在這兒從小學、國中、高中一路悠哉學習。

國中二年級開始，他不再惹事生非，但也不肯把心力只放在課業上，明明輕鬆就能考出名列前茅的成績，他偏偏只想維持一個「不差」、對爸媽能交待的成績就好。每天想在學校創造樂趣的他，有一天回家向我們宣布他要創立棒球隊？我當時心理充滿疑問？學生要創立校隊？學校會同意嗎？學校有經費預算嗎？有教練人力嗎？你才十四歲，你只是國中生而已啊！我們家這個充滿蠻荒勇氣、初生之犢不畏虎的兒子，面對我的一連串疑問，他無法回答，但也不想讓步！他自己跑去找校長，要求校長同意。沒錢，他就自己找，沒想到最後竟然可以替球隊找到兩百萬元的經費！雖然，我還是會唸他好好讀書就好，幹嘛做一些有的沒有的，對成績又沒有幫助！但是，我打心裡清楚——我的兒子真的跟別人不太一樣，將來的時代也跟我所成長的六十、七十年代有很大的不同。我不是教育專家，沒有把握幫助兒子準備好面對新興的網路時代，面對急遽變革的台灣教育體制，我像多數的家長一樣，並不很清楚教育改革的方向，沒有人問過身在後山的我們這些家長有什麼期待？也沒人告訴我們該如何準備？我像多數對孩子未來充滿擔憂的家長一樣，只能摸著石頭過河，在升學的路上，我選擇配合學校對孩子的規劃，儘量不給壓力地陪伴與支持，嚴守孩子品德的界線，只要求成績維持中上，其他就儘量讓他自由發揮。

我是摸著石頭過河的爸爸，教育改革的河流、時代的浪潮要把兒子帶往何方，我並沒有把握，我選擇默默在旁邊守護著，每天上班下班，過著像所有的爸爸一樣的日子，要求自己不要因為心急而給孩子太多壓力。高中畢業後他以特殊選才方式進入優秀的大學，不是只憑課業分數而是以我們傳統認為對學校成績幫助不大的各種活動經歷，時代真的不一樣了！進入大學將是他人生下一個階段的開始，希望兒子能秉持他「堅持」的天性，繼續努力追逐自己的夢想。

隨夢想而生的愛與光

韓麗蓮（時任海星國小學務主任）

游弘宇是學務處的常客，那時我當學務主任，讀中年級的他一身傲骨，一肚子怪主意，被移送學務處的原因多半是調皮搗蛋，不服從導師的管教，任由個性裡的野火燎原，頂撞到底，造成課堂癱瘓。

他進到學務處從不垂眉低頭，直到我放下手邊工作，凝視他許久：「游、弘、宇，又怎麼了？」他的滿腔憤懟才化成一臉委屈，如實交代、靜待處置。學務處為皮孩子貴賓們「客製化」、量身訂做不同的罰則：不愛喝水的罰喝水、該減肥的跑操場、口出穢言的讀詩、不愛閱讀的罰看課外書……，最好的處罰當是讓孩子轉換心情、頭腦清醒，而非為了讓他們痛苦，因此游弘宇常被處罰自己去我的書櫃挑一本書來看。奇妙的是，風簷展書讀之後，他往往能正視自己的過錯，答應我不貳過，然後正氣凜然的走出學務處，曾不吝惜去留——直到下次犯不同的錯，再次造訪！

游弘宇的低年級導師曾向我敘述他為達目的、奮不顧身的行徑。他的座位在教室最後一排，交作業卻喜歡搶第一，常常一寫完作業，立刻從座位上彈跳而起，再以跑百米的速度向前衝刺，他專注於達陣，一路上撞歪了同學的桌子、撞掉了椅子上的書包，撞落了桌上的文具，同學們怨聲四起，他老兄則在達成目標——第一個交上作業後，才如夢初醒，悠悠回頭望著混亂的來時路，不明所以的問：「是誰弄成這樣的啊？」他後來追逐棒球夢，發揮的也正是這「忘記背後、努力向前」的精神，當他設定目標，眼裡只有前方。

有冒險才有故事、有冒險才有歷史。游弘宇在追逐棒球夢的歷程中，創造了故事、寫下了歷史。我除了看見他鍥而不捨的冒險精神，也看見他像《愛德華的神奇旅行》中的那隻兔子，從無心到有心、無感到共感、無情到同理的蛻變。從一開始的一無聊就搗蛋，到為自己的夢想闖蕩，而在夢想一一實現後，他仍不停歇的奮鬥卻不再只是為了自己——他的心裡有了別人、有了感恩和關懷。他一直留著當初教練冒著被蛇咬的危險，砍下當球棒的竹子，作為紀念；在高中畢業前，學期的最後一天，他拿著竹掃把賣力的打掃棒球場，不再是為了他自己，而是希望傳承學弟一個乾淨好練球的環境，自此，他的冒險故事，有了開闊的格局，一如他的名字——弘宇。

若干年前，我是游弘宇的老師；許多年後，游弘宇是我學習的對象。如果我們想教好一個孩子，不應該是把他綁在課本和規範裡，而是要幫助他找到自己的興趣和夢想，當心有所願，學習就是一種本能。最理想的師生關係，或者人與人之間最美妙的關係，當是能為自己而活，也能替彼此設想，用愛管教不怒、被愛責罰無怨，彼此成就，唯愛而已。但願游弘宇永遠保有無所畏懼的冒險精神，並且虛懷若谷，優游自在於恢弘的宇宙，讓他的故事為逐夢者照路，燈火通明。

等待並相信孩子生命中的種子

陳宛吟（作者國高中班導）

從國一開始接觸弘宇，先是他的創意讓我印象深刻，只是那時的他尚未學會界限的拿捏，讓創意多被視為頑皮搗蛋，常常換來師長們的責備，國二之後擔任他的導師，剛開始看到他的聰穎天賦，未投入在課業時，實在讓我與爸媽傷透腦筋，也努力想讓他專注在課業學習上，但隨著與他相處，發現在他身上還有著領導、表達、執著、勇氣還有高EQ等能力。

印象最深刻的是，國二時，他因熱愛棒球，一心想在學校成立棒球社，當時校方以場地、費用等原因未能同意他的申請，他整理資料，單獨與校長、主任們溝通，最終取得校方同意得以成立棒球社，更進一步成立為校隊。而成立球隊之後，弘宇接著發現球隊用具樣樣需要費用，學校無法支援這些費用的情況下，他轉而對外募款，剛開始他被當成詐騙集團或者是小孩子開玩笑，但他從未放棄，甚至得知富邦與安麗基金會能申請經費，他以國中生之齡，學習寫企劃書，獨力完成申請，為球隊爭取到約二百萬元的補助，讓與他一同熱愛棒球的同學，能享受到打棒球的樂趣，升上高中後，弘宇持續成立高中部棒球隊，進軍黑豹旗，這當中所遇到的挫折與質疑從未讓他放棄，這些過程，讓我了解到國中時那個頑皮淘氣的學生，正慢慢的實踐他心中那一個個目標。

除了棒球之外，弘宇在高一，號召一群關心地方發展議題的同學組成團隊，參加《拓凱全國青少年高峰論壇》，發表他們對花蓮地方議題的想法，並且在獲獎後積極爭取地方政府的合作，利用獎金與地方政府贊助的經費拍攝了一部行銷在地特色的微電影《平原上的火光》，隔年四月更得到企業的贊助與認同，將已經在西部舉辦多年的全國高中生論壇《拓凱全國青少年高峰論壇》移地至花蓮，交由弘宇所組成的團隊主辦，在這籌辦的半年中，我看到弘宇每天中午跟幹部開會討論，溝通協調，他也常在辦公室和企業負責人電話聯繫相關細節，不急不徐的口氣、清楚的溝通思緒，著實讓在旁邊的我，好生佩服。

其實，在擔任弘宇導師五年的過程中，我也曾經陷入考試成績的迷思中，那段日子，為了讓他專心在課業，每天跟他鬥智，甚至常常責備他的不努力，擔任他的高中導師後，他跟我表示他計畫不升學，所以他不跟同學一樣念書、準備考試，這讓我好緊張也好不安，這些緊張和不安應該和大多數的家長一樣，你不念書那你要做些甚麼呢？不過，一方面我觀察到弘宇的不念書是因為他不升學，所以他不念教室裡的書，但他其實會依據他的規劃與需求念需要的書，當他需要更多演講技巧時，他閱讀演講技巧方面的書籍，當他需要企業管理知識時，他閱讀企業管理相關書籍，一方面，好幾次的談話後，我理解到這孩子早對自己的未來有著明確的規劃，他能清楚的告訴我他的計畫與未來的藍圖，我才慢慢了解到放不下的是我的執念，也許是自己不曾有過這樣的夢想，所以才覺得這孩子所想像是不可行，說也奇妙，當我漸漸調整自己的想法，也看到更多這孩子的發展潛能，甚至我必須要說，這孩子某些層面比我更加勇敢。

游弘宇即將邁入下一個階段，身為老師的我，送給他的是滿滿的期待，我知道這孩子不會怕挫折，也不會怕失敗，而他送給我的是每個孩子都有無限可能，重要的是我們如何找到他們的潛能，然後耐心陪伴。

堅守本壘板的捕手校長

孔令堅（海星中學校長）

弘宇並不是學校的麻煩人物，而是他麻煩了很多人。

國中時的他，為了在校創立棒球隊，急於看到成果、對貴人們有時會要求過多。他總是鍥而不捨的用創意與自信心說服週遭的貴人，爭取他逐步圓夢的資源。這些幫助他的貴人有一個共通點是：因為願意支持一位有夢想的年輕人；而他們被他說服的理由包括：年紀輕輕有衝勁、目標清楚有計畫、目前正處在圓夢的過程中；這也是弘宇要在這本書分享的重點，熱情、勇敢、有計畫以及在乎歷程的追夢。在海星中學六年的學習過程中，他懷著夢想一直往在，隨著貴人越來越多、外界對他的期許也越來更高；而身為海星家庭大家長的我，在他的成長中，我看到的他思考邏輯日益增強、計畫日益周詳、踏著充滿自信的穩定腳步往前邁進。

棒球隊，從來不是海星中學運動校隊的選項，弘宇國二時突然跑來校長室說要成立棒球隊，「棒球隊？沒場地、沒經費、沒球員、沒教練，怎麼可能！」我心中不免有些OS，但心想鼓勵學生練習表達的機會，不宜當面回絕，就跟他說：「成立棒球隊要有計畫啊！學校目前也沒有經費」，過了一週，他拿了一本五、六頁有模有樣的計畫給我，我心想「竟然生出來了」，只好再給他出題目，「沒有球員啊！」，他回說目前已有幾位願意加入，他還會繼續找。接著找了些隊員，也找到義務教練及練習場地，慢慢地開始練習、出賽，跌跌撞撞中不斷找到資源，於是，一個個故事就在這本書中呈現出來了。

從國二起，成立國中棒球隊，報名參賽；獲得富邦、安麗基金會贊助，爭取牛棚設施；到各地分享築夢經驗；高中再成立棒球隊，再安排出賽；募款為球隊製作桌曆；參加拓凱全國青少年高峰論壇獲選，得到贊助經費為國福社區拍攝部落故事紀錄片；向企業爭取在海星主辦拓凱全國青少年高峰論壇，並順利完成。這些豐功偉業不得不讓人佩服。但這歷程中，弘宇心中一直的想法是不會升學，家長、老師、貴人們雖然都極力反對，學校立場當然希望唸資優班的弘宇能繼續升學，培養更多能力，但他有他自己的想法，硬碰硬的爭辯，應該不會有結果。所幸學校有幾位老師默默在陪伴過程中，給他思索的空間，高二以後的他，花在課外書籍與期刊的閱讀時間很多，邏輯思考與統整規劃的能力已日漸成熟，我看在眼裡，深覺陪伴他，讓他自己思索會更好，直至他來找我寫清大推薦信，心中才稍微放心些，收到錄取訊息後，我相信他的家人、師長和眾多關心他的貴人們，應該也有了了一樁心事的感覺。

我一直相信天主給人很大的自由去選擇自己的路，我們真的不知道孩子未來的計畫會如何，陪伴關心很重要，是孩子們需要的，也是海星中學的辦學核心理念，對高中階段的學生，我們仍以學校的核心價值，彈性的看待每個孩子，適時給予他們所需要空間與舞台，期待孩子們能在未來關注的領域出類拔萃。

至於弘宇未來會再如何繼續「麻煩」他人，我真的不清楚，僅希望他的故事能給辛苦的家長們一個期待，國高中學習過程中的擔心、煎熬，都是青年學子的必然成長歷程，大人該給予他們的是可以成長的空間，讓他們感受到家長的溫度，耐心用心的陪伴，孩子終將會長大，找到自己天命中的人生路，這也是我們一直努力的方向。海星的師長們期許自己就像堅守本壘板的捕手，隨時守候在孩子身旁等著接下他們難以預料的變化球，不管他們投出的是好球或壞球，我們都願意協助孩子完成他們的夢想，好好地打一場人生的精采球賽！

當兩個懷抱夢想的麻煩份子相遇

江宗凡（小說《天啟》作者、作者好友）

身為高中生的我，時常可以看見同學們抱著一疊厚厚的參考書，為了迎合台灣高學歷的社會現況而努力。但在這條所有學生以為是必然命運的的道路中，我卻看到一位和我們同齡，僅憑著自己的熱情，在升學主義下的台灣，勇敢「玩」出了自己道路的高中生。一路上弘宇只做自己想做的事，創立屬於自己的球隊，最後甚至憑著這個經驗以特殊選才的方式申請上清大。

我從國一起和游弘宇同班，當時對他的第一印象，是看見他坐著兩腳椅，四腳朝天的跌到資源回收筒中。當時我只覺得他是個智障（現在也是？），一定要和他保持距離免得被他同化。我從沒想過之後會和他成為中學時期最要好的朋友、並被他同化，一起做所有現在覺得不堪回首、卻讓人懷念的瘋狂往事。

國中時，惹老師生氣似乎是我們的例行公事，如果一天沒有被罵，我們還會感到困惑：「我們少做了什麼？」而除了單純的惹老師生氣、被處罰外，我們也會去思考怎麼讓這個處罰變得更有趣？上課得罪老師被要求寫道歉信，便把報紙上道歉啟事格式搬來使用，結果只是把老師惹得更火；打掃不認真被處罰拿掃具折返跑，我們便把這跑步當成一場競賽並研發新的規則，結果我們自己跑的量還遠遠超過老師處罰的規定……

現在回想國中時期所做過的「豐功偉業」，有時實在會覺得難以置信，「我們當時怎麼會做這麼愚蠢的事？」但仔細想想，這或許正是他很早就展現出來與眾不同的人格特質。我們所做的這些事，在當時很多同學老師都只覺得不過是在學校「找麻煩」。

但找麻煩久了，也總會做出好事吧？

記得一次我們和同學相約去電影院，結果發現票賣光了。當時正逢四川雅安大地震，災民需要資金重建，我們當下便突發奇想把整天的行程改為替災民募款，並以找樂子以來鍛鍊出的高超行動力，決定要立刻的去開始行動。我們路過店家，就拿了他們不要的廢紙箱，並在紙箱上寫字後開始沿路進行募款。雖然我們沿路募款的行動最後募得的金額並不多，甚至最後還因為沒有事先做募款登記，所以在被人警告要我們立刻停止募款後將行動改成募集發票，但是我們募款的事情還是傳回學校，並因為這樣把興趣和能力結合，得到我們意想不到的結果被師長表揚。而弘宇成立球隊的故事，更是一個不斷將他對棒球的興趣與能力結合，並且不斷培養新能力的故事。

他的成就也對我給了很大的啟發。我個人在高二下學期出版了人生的第一本書《天啟I末世訊號》，這本書能出版也有許多是因為弘宇的影響，這不只是說本書一開始的雛形是奠基在我們國中的創意上，內容是由我們一起構思的，更是因為他成立了球隊的事蹟，給了我出書的勇氣，還有一股和他競爭的意識。國中起我們幾乎一起嘗試過所有在旁人眼中瘋狂的「腦洞」事蹟，在這樣的成長過程中，我認為很早我們便有著互相合作、鼓勵，卻又競爭的意識存在，看見他成立球隊的經歷，讓我有了不甘落於人後的企圖，和向前踏出步伐的勇氣。後來我的書籍出版，他也以朋友的身份來擔任我新書分享會的主持人，和我一同站在台上分享這部鎔鑄我們創意的小說。我認為我們之間彼此合作又競爭的良性循環，是我們這幾年友情最可貴的地方，他成立球隊激勵我向前，我出書也同樣鼓勵他寫下自己的故事、完成他延宕許久的出書計畫。

在學測成績出來後，我身邊有許多妒忌弘宇成就的同學，更是不禁抱怨：「他整天只是做自己想做的事，一直玩都不唸書，憑什麼可以考上比我們好的學校？」沒錯，他真可謂一直做自己想做的事，並樂在其中。但試問有多少人能夠僅憑著玩樂卻不迷失自己的方向？弘宇最令我敬佩的，就是他在實踐自己興趣的同時，能一直秉持著當初「好玩」的單純動機，清楚看見眼前的目標，並秉持本心，締造一個又一個的輝煌成就。

最後，我要以弘宇在我新書分享會那天送給我的一句話做為結尾：「學生能做到的，遠遠超過大家的想像。」每個人有著不同的特質，弘宇的故事不是在鼓吹大家去學習他，而是在鼓勵每個人要找尋自己的熱忱所在。一路看著他走到今天的地方，對我有著非常大的啟發，我希望這本凝聚他寶貴經驗和故事的書籍，也同樣能夠啟發你，勇敢去追尋自己的夢想。

HOW玩逐夢路

黃家朗（作者好友）

從雙線道的柏油路，在街角佇立的白色建築後左轉，那裡是普通的一座幼稚園，卻是小男孩最愛的地方，僅僅是「認識他人」即足以興奮。小男孩在這充滿玩具與玩伴的地方奔跑著，遇見一位沒看過的男同學。

「嗨～我是宇宙班的黃家朗，你叫什麼名字？」這是小男孩遇見新面孔的標準開頭。

「……游弘宇……」雖然早已忘了具體內容，但另一個小男孩確實說出了他的姓名。

緣，悄然運轉。追溯回憶的流觴，在初次相識之瞬，小男孩並不知道另一個小男孩，會是至十八歲以來最好的朋友兼損友。

華人世界的孩子，從小就被指定一種天職——考試，考試決定成績，成績劃分排名，排名比較人與人間的高低優劣。

假若當初弘宇也照著這條路直直走下去，想必是跌跌撞撞，沒沒無聞，今天各位讀者手上也不會有這本書了。幸運的是，他寧願做一個反叛的異端，而不是平凡小卒。

「不要跟游弘宇同學離太近，他不是一個好學生。」這句話是小四的班導對我說的，連年幼的我都感受的到那句話蘊含的嘲謔，原因很簡單，游弘宇是一位不願意無條件遵守老師的「不可以」和「去做」的人，自我的主見鮮明，又特別討厭沒有理由的指令，老師的態度越是強硬，他就越是倔強，不願意「只和大家一樣」，才在求學歷程中被大多老師評為難控制的人。

細想，無論是我催著他或他拖著我，我們在國小確實做過不少蠢事：因為不滿合作社只賣不好吃的營養口糧，開始盤算起自己進貨私營小福利社、上網找盡各種國高中才教的資料，研究字詞的解釋，和老師長辯三天只為了一道兩分的選擇題；在笑聲背後，那些瘋狂事蹟的初心，不是為了叛逆與出名，僅僅是追求「好玩」罷了。

「吶……你真的不考學測嗎？」

「嗯啊，我和班導說了。」

鳳凰木飄落青黃色葉雪的霜月，穿上高中制服不滿十週，便從眼前的好友口中聽到爆炸性的宣言。

「肯定是講幹話啦！」我這樣心想，畢竟，同齡的大家誰不是認分的在書桌前？不考學測不就等於不讀書、不升學？那還拿什麼證明自己？唸什麼資優班？

然而，從現在回想過去三年，不讀書的這傢伙，毫無疑問地在課業之外的領域，繳出漂亮的成績單；其中最具代表性的，大概就是「拓凱全國青少年高峰論壇」了。這是串接我們高中三年最重要的活動之一，宗旨是讓青年探索自己的家鄉，觀察、思辨，並對在地問題做出具體行動。高一那年我們作為參賽者前赴台中，原先以為比賽結束後我們便與拓凱這活動再無關聯，沒想到，游弘宇一句「好像很有趣，來做吧！」說服了大家接下了隔年的主辦權。

「雖然是為了好玩而做，不過既然決定要做了，就一定要做到最好！」重新召集團隊凝聚出共識，弘宇迅速詳列工作內容、進度和分工，經費設計、動線規劃、食宿安排、場地布置，各項與參賽選手相關的需求，我們都在每週至少一次的會議中互相提案討論，弘宇相當重視討論的過程，總是讓大家都能自由發表想法，活動後受到許多人高度好評的亞泥議題討論，也是在開會的過程全員一起構思的創意。

舉辦一次全國性的高中生論壇，讓我更看見了以前沒見到的弘宇，在他身上我看見五個他不同於常人之處：他充滿前進的動能，決定要做就會做到最好；他懂得進度分配，做為領導者把任務依照能力分發給不同人，並維持全體進度前進；他尊重每一道聲音，讓大家的想法都能充分利用；他堅持維護團隊的決定，只要是整個團隊做出的結論，即便基金會反對也不會輕易棄守，並透過長時間勸說和分析利弊讓對方逐漸認同我們的想法；最後，也是最重要的，是他勇於嘗試的精神，每個勇氣的腳步之下，是他實踐夢想留下的成長軌跡——為了改變自己、改變世界。

愛玩是人的天性，但若「玩」如此容易，游弘宇也不會這麼特別了。

游弘宇的玩，玩的不是遊戲，而是理想，能夠一直做自己想做的事，樂在其中並維持本心，憑藉熱忱前行，專注眼前目標。所以才能在面臨諸多挫折時依舊笑著堅持，才能做一個個遙遠而引人譏笑的夢，卻一步步抵達終點。

「如果夢想不被嘲笑，那只代表它還不夠遠大。」蟬群噪鳴的十七歲盛夏，弘宇曾用類似的話鼓勵面臨學測的我；韶光流轉，在人生成長階段重要的十八歲，我越發意識到這句話所載的深意，也認為這句話非常適合作為給羽翼正要高展的青少年們作為禮物。在看完這本書後，我希望你們並不是「認識到游弘宇是誰？（Who）」，而是「學習到游弘宇對築夢的熱忱（How）」，更因本書而對自身有所啟發。

後記　玩出不一樣的精采人生

我又完成了一個夢想

今天是二〇一八年的三月四日，大約在一年前的同一時間，我正式開始了這本書的寫作，過去一年以來，我這個不擅寫作的作文白癡，竭盡所能就只為了能夠完成這本書。為了增加寫作時間，我曾經做過像是日夜顛倒的熬夜工作、在清晨四點就起床寫書之類的瘋狂嘗試；為了提高寫作效率，我總是刻意切斷自己與世界的一切連結，把手機丟在家裡避免自己分心，獨自前往咖啡廳的角落，把筆電開啟飛航模式默默寫作。

只是就像成立球隊一樣——「一切都無憨人想的那麼簡單」，即使我這個作文白癡全心全意的投入寫作，但是原先我以為一個月就可以完成的初稿，最終還是花上超過半年的時間才完成；原先我以為會一切順利的投稿過程，還是在經過超過三十間出版社的拒絕後，才順利找到願意與自己合作的出版社。

不過既然過程如此辛苦，那我究竟為什麼還要堅持完成這本書呢？

因為，藉由我微不足道的追夢故事，我發現到了幾件讓我覺得一定要和大家分享的事情。

首先，藉由成立球隊的故事，我想讓大家知道：「夢想可以創造無限可能」，只要願意追逐夢想，就算你曾經是老師眼裡的麻煩人物，你也可以寫下一段屬於自己的夢想旅程，改變人生。

再來，藉由高中時參與一連串活動的經驗，我想讓大家知道：「學生的能力，遠遠超出大家的想像」，只要願意相信自己，就算你只是一個學生，年紀也不會是你追逐夢想的阻礙。

最後，藉由這本書的寫作過程，我想讓大家知道：「不擅長，絕對不會是追逐夢想的藉口」，只要願意堅持下去，就算你是一個作文白癡，你也可以完成出書的夢想。

玩出不一樣的精采人生

成立球隊之前，我因為「滿腦怪點子」、「充滿行動力」、「從不輕易妥協」等特質，成為令老師感到頭痛的麻煩人物；球隊成立之後，即使因為忙於處理球隊的各項事務，我逐漸不再因為調皮搗蛋令老師頭痛，但是我卻又因為執著於自己學習方式，不願投入在學校課業上，再次令學校老師頭痛，成為了他們心目中最擔心會拖累學校升學表現的一個學生。

然而，如同大家在這本書中看到的，當我將這幾項特質運用在正確的用途上時，原先那些令大家感到頭痛的事情，似乎都有了一個不錯的結局。

首先，因為找到了自己的夢想，讓我無暇繼續在學校調皮搗蛋，我替自己擺脫了麻煩人物的稱號；再來，因為充分發揮自己「滿腦怪點子」、「充滿行動力」的特質，我替球隊募集到超過兩百萬元的經費；最後，因為「從不輕易妥協」這項特質，即使幾乎不被看好，我依舊堅持自己的學習方式，學習自己有興趣的知識，並以此透過特殊選才的管道錄取了國立清華大學，替學校留下了還不錯的升學表現，也替自己找到了一個優秀的學習環境。

而最重要、也最棒的是，經歷這一切後，我依然保留著那些當初令我成為一位麻煩人物的特質「滿腦怪點子」、「充滿行動力」、「從不輕易妥協」！

「每個人都擁有不一樣的特質，而每項特質都有一個屬於他的舞台。」我們無法決定自己的特質，但是我們可以決定如何運用自己的特質，去找尋出屬於自己的舞台。

就讓我們從現在開始，一起運用我們各自的特質，去玩出一段只屬於我們自己、和大家完全不一樣的精采人生吧！

致謝

一直以來，我都認為自己相當幸運，在中學階段就能夠完成人生的第一個夢想。這一路上，實在有太多的人想要感謝。

感謝協助這本書出版的秀威資訊公司，尤其是本書責任編輯杜國維先生，因為有你願意不厭其煩的與我討論書中各種細節，本書才得以生動的呈現給每一位讀者。感謝為本書推薦的：小野、沈文振、吳志揚、林哲宇、林藝、胡文偉、施昇輝、張善政、黃子佼、黃大洲、黑米、劉明雄、謝南強、魏嘉賢，實在難以想像有機會能夠獲得你們的推薦，因為有你們的熱心推薦，這本書才有機會被更多人看見；感謝為本書撰寫附錄的：孔令堅、陳宛吟、韓麗蓮、李孟一、倪瀅瀅、江宗凡、黃家朗，來自你們不同角度的觀點，讓本書增色不少。

感謝關心基層棒球的謝國城棒球文教基金會、鼓勵青少年追逐夢想的富邦文教基金會、相信每一個人都擁有無限潛能的安麗希望工場慈善基金會，因為有你們的大力支持，我們這群喜歡棒球的學生才得以放心追逐夢想；感謝魏嘉賢市長、魏嘉彥市民代表、笛布斯•顗賚主委、黎俊甫老闆、森山美樹女士，因為你們在球隊成立之初的支持，才讓我們度過最艱困的時光。感謝在得知我成立球隊後，就毫無保留給予我許多建議的熱血大哥胡文偉；感謝協助「二〇一六海星棒球隊夢想旅程」募款年曆攝影工作，替球隊也替本書留下許多精采畫面的王子騏老師；感謝黃倍源教練、胡竣傑教練、賴文輝教練、楊慶嘉教練、謝俊億教練、陳永祥教練、黃洛凡教練、吳佳榮教練，因為你們願意犧牲與家人相處的寶貴時光指導我們，我們才能朝著棒球夢想更加接近。球隊成立路上給予支持的人實在太多，容我不再逐一列名感謝，但是你們的支持帶來的影響絕對是巨大的，因為有你們，才讓許多像我一樣喜歡棒球的學生得以完成夢想。

謝謝陪伴我十六年母校海星中學的每一位老師，希望喜歡搞怪的我沒有帶給你們太多麻煩。當中，特別感寫願意以校長的高度給予陪伴支持的孔令堅校長、總是陪我一起完成各種瘋狂想法的曹奕翔主任、總是願意花時間與我唇槍舌戰、共同激盪腦力的蔡珍玉老師、得知我對於學習的想法後，願意不斷給予我包容和彈性的班導陳宛吟老師，沒有你們一路以來的陪伴與指導，今天的我絕對會是一個成天與體制對抗的學生。

感謝我的作家好友宗凡，是你在十七歲出版人生第一部小說的勇氣，激勵了我完成這個延宕多年出版計畫，身為《天啟》書迷的我與廣大讀者同樣期待續集問世；感謝從幼稚園開始一路陪伴我進行各種有趣計畫的好友家朗，我們絕對是少數能夠一路從幼稚園同窗到大學的好友；感謝正在異鄉奮鬥的好友允恩，與你在渥太華華人報共事的時期即使短暫，但仍是我永生難忘的回憶；感謝太魯閣山腳下的冒險家中每一位優秀的夥伴，因為有你們為團隊無私的奉獻，我們才能在中學階段完成許多不可能的任務；感謝海星棒球隊的每一位隊友，書中的追夢故事是我們所共同寫下的。

最後感謝我的家人，尤其我的父母，有一個像我這樣不願墨守成規的小孩，相信你們心中的擔憂絕對不曾減少，所以非常感謝你們願意不斷給予我空間讓我能夠一步步實踐心中想法，朝著夢想持續前進。

釀生活21　PE0151

後山棒球夢：
海星棒球隊的逐夢之旅

作　　者　　游弘宇
責任編輯　　杜國維
圖文排版　　楊家齊
封面設計　　王嵩賀

出版策劃　　釀出版
製作發行　　秀威資訊科技股份有限公司
114 台北市內湖區瑞光路76巷65號1樓
電話：+886-2-2796-3638　傳真：+886-2-2796-1377
服務信箱：service@showwe.com.tw
http://www.showwe.com.tw
郵政劃撥　　19563868　戶名：秀威資訊科技股份有限公司
展售門市　　國家書店【松江門市】
104 台北市中山區松江路209號1樓
電話：+886-2-2518-0207　傳真：+886-2-2518-0778
網路訂購　　秀威網路書店：https://store.showwe.tw
國家網路書店：https://www.govbooks.com.tw
法律顧問　　毛國樑　律師
總 經 銷　　聯合發行股份有限公司
231新北市新店區寶橋路235巷6弄6號4F
電話：+886-2-2917-8022　傳真：+886-2-2915-6275

出版日期　　2018年11月　BOD一版
定　　價　　360元

Printed in Taiwan

國家圖書館出版品預行編目

後山棒球夢：海星棒球隊的逐夢之旅 / 游弘宇
著. -- 一版. -- 臺北市：釀出版, 2018.11
面； 公分. -- (釀生活；21)
BOD版
ISBN 978-986-445-277-4(平裝)

1. 游弘宇 2. 臺灣傳記

783.3886 107015560

讀者回函卡

感謝您購買本書，為提升服務品質，請填妥以下資料，將讀者回函卡直接寄回或傳真本公司，收到您的寶貴意見後，我們會收藏記錄及檢討，謝謝！如您需要了解本公司最新出版書目、購書優惠或企劃活動，歡迎您上網查詢或下載相關資料：http:// www.showwe.com.tw

您購買的書名：＿＿＿＿＿＿＿＿＿＿＿＿＿＿＿＿＿＿＿＿

出生日期：＿＿＿＿年＿＿＿＿月＿＿＿＿日

學歷：□高中（含）以下　□大專　□研究所（含）以上

職業：□製造業　□金融業　□資訊業　□軍警　□傳播業　□自由業

□服務業　□公務員　□教職　□學生　□家管　□其它＿＿＿

購書地點：□網路書店　□實體書店　□書展　□郵購　□贈閱　□其他

您從何得知本書的消息？

□網路書店　□實體書店　□網路搜尋　□電子報　□書訊　□雜誌

□傳播媒體　□親友推薦　□網站推薦　□部落格　□其他＿＿＿＿

您對本書的評價：（請填代號　1.非常滿意　2.滿意　3.尚可　4.再改進）

封面設計＿＿　版面編排＿＿　內容＿＿　文／譯筆＿＿　價格＿＿

讀完書後您覺得：

□很有收穫　□有收穫　□收穫不多　□沒收穫

對我們的建議：＿＿＿＿＿＿＿＿＿＿＿＿＿＿＿＿＿＿＿＿

＿＿＿＿＿＿＿＿＿＿＿＿＿＿＿＿＿＿＿＿＿＿＿＿

＿＿＿＿＿＿＿＿＿＿＿＿＿＿＿＿＿＿＿＿＿＿＿＿

＿＿＿＿＿＿＿＿＿＿＿＿＿＿＿＿＿＿＿＿＿＿＿＿

請貼
郵票

11466
台北市內湖區瑞光路 76 巷 65 號 1 樓
秀威資訊科技股份有限公司 收
BOD 數位出版事業部

（請沿線對折寄回，謝謝！）

姓　名：__________ 年齡：______ 性別：□女 □男

郵遞區號：□□□□□

地　址：__________

聯絡電話：(日)__________ (夜)__________

E-mail：__________